UN

PHILOSOPHE EN VOYAGE

PARIS. — IMP. SIMON RAÇON ET COMP., RUE D'ERFURTH, 1.

UN
PHILOSOPHE
EN VOYAGE

PAR

ANTONIN BARTHÉLEMY

LONDRES ET LES ANGLAIS

EN GRÈCE — LES MOINES BYZANTINS

CONTES ORIENTAUX

L'IMMORTALITÉ — LE DRACOPHAGE

PARIS

CHARPENTIER, LIBRAIRE-ÉDITEUR

28, QUAI DE L'ÉCOLE, 28

1864

PRÉFACE

Voici un livre qui n'en est pas un. — Pourquoi ? Il serait trop long de l'expliquer ici, mais si les fragments qui se trouvent réunis sous cette même couverture n'ont aucune parenté dans la forme, ils sont intimement liés par l'idée.

Plusieurs ont déjà été publiés, le plus grand nombre est inédit ; dans les uns comme dans les autres il est parlé des différents aspects de la nature sous les différents climats, mais il est aussi question de ceci, de cela et de beaucoup d'autres choses encore.

Le lecteur trouvera peut-être que dans ces récits l'auteur abuse du pronom personnel en un temps où on abrite volontiers son opinion derrière celle des autres — où on ne s'aventure pas sans guide dans les chemins non battus, — où enfin on aime en toutes choses à être patronné, protégé, dirigé, commandé et recommandé par quelqu'un ; mais, au risque de se casser le cou et d'être accusé de présomption, celui-ci préfère marcher seul que d'emprunter les béquilles du voisin, et cela non par un sentiment de défiance pour le voisin, mais par un sentiment de répulsion instinctif pour les béquilles.

Ce sentiment, le lecteur le partagera peut-être s'il veut prendre la peine de venir avec lui des bords de la Tamise aux rives du Danube. Si cependant il est de parti pris Anglophobe ou Turcophile, il fera mieux de rester chez lui, car n'étant ni l'un ni l'autre, ce guide pourrait être fort incommode pour son cortége de préjugés.

Paris, le 1ᵉʳ mai 1863.

LONDRES ET LES ANGLAIS

—

A MADAME X..... P.....

LONDRES ET LES ANGLAIS

I

Le jour où je quittai Paris, il faisait très-chaud ; aussi, à peine installé dans le wagon, je m'endormis profondément.

Les rêves les plus délicieux voltigeaient déjà dans ma pensée, quand je fus brusquement éveillé par une secousse violente. J'ouvris les yeux, et j'aperçus mon voisin qui ôtait ses bottes.

— Veuillez m'excuser, me dit-il, de vous avoir dérangé ; puis il plaça ses chaussures à côté de lui, étendit ses jambes, inclina la tête, poussa un soupir de satisfaction et ferma les yeux.

Les pieds anglais (mon voisin était du comté de Chester) sont beaucoup plus grands que les pieds français, et ceux-ci étaient d'un développement tel, qu'il me fut impossible de reprendre le fil de mes rêves, et que je les vis continuellement pendant mon sommeil.

Je voyais ces plantes immenses s'allonger démesurément, couvrir une partie du globe et presque toute la surface des mers ; le sol gémissait en certaines parties sous leur étreinte, mais, elles, riaient et chantaient le *Rule Britannia*, qui est un hymne à la liberté.

J'avoue que mon amour-propre national souffrit beaucoup de ce cauchemar, mais à Calais ce sentiment de haine fit place à un sentiment de tristesse et presque d'envie, quand je vis ces pieds rentrer aisément, sans effort, comme il convient à des pieds libres, dans des chaussures larges, aérées et spacieuses.

— C'est un beau coup d'œil, pensai-je, qu'une rangée de pieds français tous chaussés de bottes d'ordonnance, faites sur le même modèle ; mais, hélas ! combien doivent souffrir ! car ils n'ont pas les uns et les autres la même dimension. L'égalité pour tous est une belle chose, — mieux vaut peut-être plus de liberté pour chacun.

. . . .

J'étais plongé dans ces réflexions quand j'arrivai sur le bateau qui devait nous transporter à Douvres.

— Cela est intolérable ! criait un de mes compatriotes ; la chambre est accaparée et il est impossible de s'asseoir ; il n'y a donc pas d'agent ici, pas d'employé; je me plaindrai à l'administration.

— *What do you say?* dit un des hommes du bord.

— Qu'est-ce qu'il me veut, celui-là, avec son charabia?

— Monsieur, dit le commandant en intervenant, je regrette qu'il ne reste plus de place à l'intérieur; mais voici un banc sur le pont, où vous serez très-commodément; la traversée n'est que d'une heure trois quarts.

— Sur le pont! Ce n'est pas sur le pont, c'est dans la chambre que je veux une place; j'ai droit à une place!...

Le commandant s'éloigna, et, de guerre lasse, en grommelant, son interlocuteur se dirigea vers le banc indiqué; mais, au moment où il allait en prendre possession, les deux pieds anglais s'y installaient. Le voyageur jura..... Ses imprécations se perdirent dans le bruit de la machine qui se mettait en mouvement.

— Pendant la traversée, le temps fut froid, pluvieux, et les matelots (admirable génie du commerce!) profitèrent de la circonstance pour *louer* aux passagers des *waterproofs*.

. . . .

Douvres est l'un des cinq ports de l'Angleterre; la ville est noire, plaquée sur des falaises crayeuses; un château fort la domine. Turner a fait une vue de Douvres, et c'est une toile étincelante de couleur; mais quand Turner a peint Douvres, il revenait d'Italie, et rapportait un rayon du soleil de Venise sur sa palette.

J'ai bien reconnu le tableau, mais ce matin-là il était fait en grisaille.

. . . .

La gare de Douvres est un monument fort simple, ayant plus de parenté avec une grange qu'avec un temple grec; les employés y sont d'humeur douce et paisible; ils ne brusquent pas les voyageurs et ne maltraitent aucunement les colis. Les Anglais ne connaissent pas cette variété du genre fonctionnaire que nous désignons sous le nom de chef de gare, qui tient du militaire par le costume et du brahme par l'importance; ils ignorent également ce système de parcs où nous entassons les voyageurs par catégories, pour les lâcher à un moment donné, au risque de les voir s'étouffer, se bousculer et s'écraser en se précipitant vers les voitures. Chacun prend sa place quand il arrive.

Mon ami N.... demanda à un employé si, abusant de cette liberté, les voyageurs n'allaient pas souvent se promener sous les roues des wagons. L'employé rit beaucoup et lui répondit que, bien que les Anglais soient très-excentriques, ce genre de distraction leur était inconnu.

II

Je ne sais, madame, quelle est votre opinion sur la campagne anglaise, mais, pour moi, je la trouve très-appétissante.

De Douvres à Londres, on dirait une table servie. Ces prairies semblables à des tartes à la rhubarbe, ces blés cuits à point, ces houblons en branches, font venir l'eau à la bouche, et rien ne réjouit l'estomac comme la vue des grosses pièces au milieu des ruisseaux de pale ale et de porter.

J'ai admiré surtout avec quelle sage économie tout cela est ordonné. Les moutons qui, chez nous, ont une queue, n'en ont que peu ou point en Angleterre, ce qui est très-ingénieux, car tout le monde sait que la queue du mouton ne se mange point. Et les *pigs*, les petits cochons ! quel merveilleux développement de l'abdomen ! Ces boules de graisse rampent plus qu'elles ne marchent, et si on leur a laissé des pattes, c'est simplement pour s'éviter la peine de les porter.

Eh bien, madame, j'aime mieux que tout cela notre service à la française, notre service simple, avec ses hors-d'œuvres de bruyères, bien qu'il y ait là beaucoup moins à manger que dans le comté de Kent.

On m'a fait remarquer une de ces pièces montées que nous aimons tant ; on l'appelle la cathédrale de Canterbury ; elle ferait honneur à un pâtissier goth, mais je lui préfère Chartres et Amiens.

Vous me direz à cela, madame, que si je n'aime pas la campagne anglaise, c'est affaire de patriotisme ; que les cottages de Sydenham sont ravissants, et qu'à travers la brume du matin, la vue des gazons est délicieuse. Je vous jure que le patriotisme n'entre pour rien dans cette appréciation, que je trouve, comme vous, que les villas des environs de Londres, avec leurs petits parcs, leurs petits lacs et leurs petits batelets, feraient fort bien sur une étagère, mais que ce paysage peigné, coupé, lavé à la mécanique, avec ses habitants, frais comme les poupées vernies de Nuremberg et ses animaux fabriqués par un procédé *aussi compliqué qu'ingénieux*, ne vaudront jamais pour moi notre plus modeste coin de la France, fût-ce une lande chauve, peuplée d'un troupeau aux formes étiques et d'un berger en haillons.

III

Londres ! on a comparé Londres à une immense
usine. Au point de vue industriel, cela est vrai ;
l'atmosphère en témoigne assez lourdement ; au
point de vue social, cela est faux. Dès le premier pas
qu'on fait dans la ville, on voit que, bien au contraire de notre pays, où tout individu, sous peine
de rester inactif, doit être un des rouages patentés
de la grande machine, ici chacun est soi.

Le cocher qui me conduisit n'appartenait à aucune
administration subventionnée ; il m'avoua même
n'avoir pas de diplôme, et je fus fort étonné de voir
que les trottoirs de Belgrave-place différaient essentiellement de ceux de Victoria-street, qu'il n'y avait
pas pour toute la ville qu'un seul fabricant d'as-
phalte autorisé, que les balayeurs n'étaient pas em-
brigadés et qu'ils n'étaient recouverts d'aucune
casquette uniforme.

Je fus frappé aussi du grand nombre d'écoles,

d'hôpitaux et de dispensaires que je rencontrai sur mon chemin.

En arrivant, je demandai à mon hôtesse si tous ces établissements étaient protégés et contrôlés par le gouvernement, et comme elle n'eut pas l'air de me comprendre, je lui expliquai qu'en France nous sommes tous, à de rares exceptions près, élevés dans un grand établissement qu'on appelle l'Université.

— Il y a, lui dis-je, dans tout l'empire des succursales de cette institution, dont le siége central est à Paris, et, dans toutes ces succursales, on mange, on dort, on travaille à la même heure ; on récite la même racine grecque sur tous les points du territoire, à la même seconde.

— Voilà qui est merveilleux, dit-elle ; ici nous ne sommes pas si avancés ; dans chaque paroisse, nous nous cotisons pour faire soigner les malades, recevoir les pauvres et instruire les enfants; le gouvernement donne des primes au concours, mais il n'intervient pas autrement dans nos affaires.

— Pour les pauvres et les malades, ajoutai-je, nous avions bien autrefois des sociétés de bienfaisance et des établissements de charité libres, mais nous avons mis presque tout cela sous le patronage du gouvernement.

— C'est un grand progrès, soupira-t-elle.

Je dus à cette conversation d'avoir la meilleure

chambre de la maison ; on déplaça même un pauvre horloger suisse, afin de pouvoir annexer à mon appartement un cabinet de toilette.

. . . .

De longues files de maisons en briques, regardant ou plutôt ne regardant pas dans la rue, par des fenêtres sans volets, tendues d'un store blanc, comme des yeux sans paupières recouverts d'une taie; de temps en temps ces façades plates, dont quelques-unes, hideux sacrilége! se décorent d'un portique grec, interrompues par un square fermé de grilles : au dessus, une brume noire, lourde, sinistre comme un cauchemar et suintant la suie; au dessous, dans cette ombre, des ombres, allant, venant, marchant d'un pas affairé; dans les grandes artères, un torrent de voitures, coulant tantôt avec rapidité, tantôt lentement, toujours à flots pressés et toujours sans bruit : voilà l'aspect de Londres.

Au premier abord, cela est horrible, cela met la mort dans l'âme; il vous semble qu'on marche dans les bas-fonds d'une mine sans issue.

Mais lorsque les yeux se sont habitués à voir dans cette nuit, on se sent pris d'une sorte de vertige.

Un jour que nous étions montés sur le dôme de Saint-Paul, mon hôte, William R..., et moi, et que je cherchais en vain à percer du regard l'épaisse brume jusqu'à la région lumineuse : — Ne regardez jamais en haut dans ce pays, me dit mon compagnon; regardez en bas.

— Quelle activité! dis-je en regardant les rues de la Cité, mais quel tombeau !

— Ah! vous êtes poëte, ajouta-t-il en souriant; nous le sommes aussi, mais à notre heure; deux fois par an, au printemps et à l'automne; nous nous renfermons, le reste du temps, silencieux, dans des comptoirs tristes, et nous amassons pour aller sur le continent humer le soleil, courir les beaux sites et pourchasser les nymphes sous les bois de myrtes. La vie n'est-elle pas bien entendue ainsi? et cela ne vaut-il pas mieux que de végéter dans une médiocrité fastidieuse, sous un ciel toujours le même? Entrez dans un de ces comptoirs et questionnez ceux qui l'habitent, il n'en est pas un qui ne vous parle de l'Europe, de l'Inde et même de la Chine, aussi bien qu'il le ferait de Richmond; nous avons compris que le soleil est la propriété de tout être humain et que l'univers entier est notre patrie; nous travaillons pour jouir de tous les biens.

Demandez, au contraire, à un de vos boutiquiers de Paris s'il connaît l'Angleterre; il poussera des exclamations comme si ce pays, qui est à neuf heures de la Seine, était à l'autre bout du monde; il se trouve si bien chez lui, qu'il n'éprouve pas le besoin d'en sortir. Nous, Anglais, nous bénissons le ciel d'avoir fait notre climat si noir, parce que cela nous donne l'idée d'en chercher d'autres ; nous le bénissons aussi d'avoir fait notre île si petite, parce que cela nous force à émigrer, à créer dans le monde entier des étapes, à développer notre génie commercial, à augmenter nos richesses. Nous nous sommes pourvus d'un gouvernement, simple dans son mécanisme, et qui nous gêne aussi peu que possible, car vous comprenez que s'il intervenait dans toutes nos affaires particulières comme chez vous, il serait impossible de rien entreprendre ; l'activité commerciale en serait de beaucoup diminuée, et nous en serions réduits à nous faire soldats ou troubadours, à passer des revues et à distribuer des prix de poésie, deux choses impraticables dans un pays où les casques ne reluisent pas et où la température inspire peu.

Je me rappelle que la première fois que je mis le pied en France, ma stupéfaction fut grande ; je vis défiler toute votre petite société, gaie, pimpante et proprette, coquettement appuyée sur de petites béquilles gouvernementales ; si quelqu'un tombait par hasard, on priait le gouvernement de le ramasser, mais personne ne lui tendait la main. Ici c'est bien différent, nous nous lançons, chacun pour notre propre compte, dans la bagarre, comme la foule que vous voyez là-bas se précipiter dans Cheapside ; un grand nombre tombe et est écrasé, mais nous relevons nous-mêmes les blessés et les infirmes.

Hélas ! nous ne pouvons tous les guérir ! On vous a, sans doute, parlé de l'immense pauvreté qui afflige Londres ; venez ce soir avec moi dans White-Chapell, et je vous montrerai ce spectacle sous son côté le plus hideux.

.   .   .   .

Le soir, après avoir dîné à *Simpson-Tavern*, nous quittâmes le Strand et nous nous enfonçâmes dans un cloaque de rues étroites.

Les passants étaient rares ; quelques enfants scrofuleux, à peine vêtus d'un haillon, se roulaient dans la fange ; de temps en temps une femme coiffée d'un chapeau décrépit nous interpellait d'une voix avinée ; des hommes sortaient des *public-houses* en chancelant ; j'avais vu cela cent fois en d'autres pays, mais plus bruyant, plus joyeux, moins éteint, moins sinistre que là.

Nous entrâmes dans une de ces maisons ; ceux qui y étaient, ivres pour la plupart, se rangèrent devant nous avec une sorte de respect.

Ces paroles des Proverbes : *Qu'ils boivent pour oublier leur pauvreté, et qu'ils ne se souviennent plus de leurs douleurs,* XXXI, v. vii, ont été faites pour l'Angleterre ; les Anglais boivent pour oublier et non pour se réjouir. Le spectacle de leur ivresse est plus qu'affligeant, il est désolant. Eh bien, à Londres, on ne s'est pas désolé, on n'a pas désespéré ; on a créé des sociétés de tempérance, on a donné des primes à l'abstinence et, depuis dix ans, on boit moins : cela est un fait incontestable, constaté par la statistique.

Je regrettai beaucoup de ne pouvoir aller ce soir-là plus avant dans ce quartier, qui est le repaire des filous, des *pick-pockets;* mais il eût fallu nous munir d'un *policeman*, sans lequel il est imprudent de s'aventurer dans cette société.

. . . .

J'y allai plus tard, et le *detective* qui m'accompagnait né me fit grâce d'aucun des recoins les plus sombres de ce hideux panorama qui commence dans les *gin-palaces* et se termine à Newgate.

J'ai vu dans ce nouvel État des Miracles les maîtres *pick pockets,* tenant cour, donnant audience et équilibrant gravement leur budget, aux applaudissements de la multitude (*black-faced*).

Hélas ! la *gloire est chose éphémère*, et plus d'un de ces honnêtes *gentlemen* sera pendu.

IV

Comme je regardais joyeusement au loin,
En respirant l'air frais du matin,
Je vis venir à moi trois jeunes filles :
Deux d'entre elles avaient des manteaux noirs ;
Celui de la seconde était chaudement doublé,
La troisième, qui marchait un peu en arriére,
Était mise à la mode
Bien gaiement ce jour-là [1].

Ces deux premières, qui sont le peuple et la petite bourgeoisie, on les rencontre dans Londres à chaque pas, mais on voit peu la troisième.

La *nobility* vit le plus souvent dans ses terres, engraissant le durham, cultivant le turneps et chassant le renard, le cerf ou le lièvre avec ses équipages de *fox-hounds*, de *stag-hounds* ou de *harriers* : elle n'habite guère ses palais du *West-End* que pendant les sessions des chambres.

Il ne faudrait pas croire cependant, comme le dit

[1] Burns.

Burns, que cette noblesse soit une race idiote, à tête
de liége, suffisante et bouffie d'orgueil, vivant dans
une satisfaction douce et aveugle, entre un curé ser-
vile et un blason complaisant.

Non ; elle marche à la tête du progrès, favorise
l'instruction et tient sa cause étroitement liée à
celle du peuple.

Si on lui demande une réforme, elle répond : —
« *We do not change any thing, it as always been so.* Nous
ne changerons rien, cela a toujours été de la sorte; »
mais, comme dit le poëte : elle marche derrière,
poussant les deux autres devant elle, et ne va pas
inconsidérément en avant. Aussi, le jour où le peuple voudra l'égalité qu'il n'a pas et la deman-
dera fermement, il trouvera la *nobility* prête à la
recevoir et ne se heurtera pas contre une troupe
arrogante et décrépite, prenant les armes au nom
de ces deux mots très-poétiques assurément, mais
peu patriotiques de *Dieu et le Roi.*

Quand l'Angleterre rompit le fil qui la retenait
attachée à Rome, elle concentra les forces de la nation et rendit impossible toute hésitation entre les
devoirs du citoyen et ceux du chrétien ; elle n'eut
plus à s'inquiéter si de l'autre côté des Alpes le roi
était maudit par Dieu, ou si Dieu avait besoin du
secours du roi.

Débarrassées de ces distractions du patriotisme,

toutes les classes ont marché vers un même but : la liberté ; mais elles y ont marché séparément, en sorte que l'égalité est restée en chemin.

C'est là un état de choses dont la *gentry*, qui s'élève, enveloppée de son manteau chaudement doublé, prend aisément son parti, et contre lequel le peuple, malgré son pourpoint troué, ne crie pas encore trop fort, car il sait et voit par l'exemple que la délivrance est au bout des efforts de chacun, et que la devise « *S'instruire et travailler* » est égale pour tous devant la fortune, sinon devant la position sociale.

Et il faut bien le dire, « *times is money* » le temps est de l'argent, est la devise suprême de ce peuple, devise qu'il retourne même volontiers ainsi : « *money is times.* » L'argent est la vie.

. . . .

Nous, au contraire, égalitaires, nous faisons peu de cas de l'indépendance individuelle et voulons la liberté collective, l'assujettissement de l'individu à l'autorité de l'ensemble ; et il faut bien le dire :

Tout notre mal vient de cette parole célèbre du roi galant : « Je veux que chaque Français mette chaque dimanche la poule au pot. »

Nous attendons la poule, et quand elle ne vient pas, ou qu'elle est trop cuite, ou qu'elle ne l'est pas assez, nous poussons des cris et nous renversons la marmite, la grande marmite centrale.

Ne serait-il pas plus simple de plumer notre volaille nous-même, au lieu d'armer de si grandes broches des maîtres rôtisseurs patentés?

O sublime égalité! quand donc répandras-tu plus également tes bienfaits?

Quand donc nous laisseras-tu jouir à l'aise de la liberté?

.   .   .   .

Il est certain que l'étiquette anglaise nous semble fort ridicule et qu'elle l'est en effet. *Est hic questio.* Il y a plus de trois systèmes de sonner à une porte, plus de six modes d'entrer, de saluer, de sortir; les manières d'écrire la suscription d'une lettre sont aussi nombreuses que les étoiles du ciel, et les intonations différentes que prend la voix, selon le rang, sont plus nombreuses que les grains de sable du désert, tandis qu'en France, depuis la glorieuse séance des États généraux qui a aboli les priviléges, il n'y a qu'une seule et même manière de faire tout cela; on chercherait vainement un employé hautain; il n'y a plus ni monopoles, ni faveurs, ni distinctions autres que celles du mérite et du talent. Chacun a également le droit de dire son opinion, de choisir son industrie, de l'exercer; de disposer de sa propriété; d'aller, de venir, pourvu que cela ne choque en rien la liberté collective ; mais hélas ! la liberté collective est souvent susceptible, surtout très-prévoyante, et elle aime mieux prendre trop de précautions que de s'exposer au reproche de n'en point prendre assez.

. . . .

C'est pour cela que mon ami N. prétend que les peuples modernes diffèrent essentiellement des peuples anciens, que l'austère Mably et l'éloquent Rousseau se sont laissés entraîner par l'élan de leur imagination spartiate et qu'il vaut encore mieux assaisonner chacun librement ses légumes que de manger le brouet égalitaire.

J'avoue que la première fois qu'à *Hall-Tavern* on me servit des feuilles de laitue sur une assiette, et une série de petites fioles jaunes et noires sur une autre, je ne sus tout d'abord comment composer avec cela la salade que j'avais demandée, et je me pris à regretter ce bon Prosper du Café de Paris, qui distribue les condiments à tout le monde avec tant de science.

Je ne fis qu'un très-médiocre ragoût, étant peu habitué à mêler moi-même l'huile et le vinaigre; mais sir William, pour me consoler, me conta le fait suivant :

Lorsque la Louisiane fut cédée aux États-Unis d'Amérique, les Français qui habitaient ce pays se désolèrent en songeant qu'ils seraient obligés de se gouverner eux-mêmes et que l'autorité ne pourrait pas exercer sur eux un pouvoir arbitraire. Ils crurent qu'ils allaient se dépouiller, s'égorger mutuellement; chacun tremblait à l'aspect de son voisin; mais quand ils eurent goûté du *self-government*, ils se rassurèrent et n'en voulurent point d'autre.

En sorte que je ne désespère pas d'arriver à accommoder ma salade aussi bien qu'un autre, si Prosper vient un jour à se dessaisir de l'huilier. Car tous nos écarts, nos inquiétudes, nos emportements violents et nos promptes défaillances viennent moins d'un défaut de caractère que d'un manque d'éducation. Il faut apprendre à faire la salade. C'est là tout le secret.

V

Je recommande à ceux pour qui six pences de tabac servis par une main effilée en valent douze, la petite marchande d'Hay-Market ; elle est charmante, et elle murmura à mon oreille d'une voix si tendre : *Voley vó, mósieu, du petit cap'ral français*, que j'oubliai en ce moment tous les Waterloo street, les Waterloo place, les Waterloo square, les Waterloo road de la perfide Albion. A ce mot de petit caporal, les souvenirs de la patrie me revinrent d'autant plus vivement au cœur que j'avais trouvé le tabac anglais détestable. « Donnez-m'en pour deux schellings, dis-je avec enthousiasme, en me penchant sur le comptoir. Malheureusement, une affreuse musique d'Allemands interrompit notre conversation. « Ce sont eux, m'écriai-je, qui nous ont déjà trahis à Leipsick. — Leipsick ! vô connaissez Leipsick. Je suis passée à Leipsick, je suis Polonaise. »

Elle était Polonaise !... Je pris mon tabac et me

sauvai à toutes jambes. Certainement, pensai-je, elle n'eût pas dit d'une voix si douce, *le petit cap'ral* si elle eût été Anglaise, car les Anglais ne peuvent prononcer ce nom encore aujourd'hui sans grincer des dents. Et pourquoi? Nous, nous regardons Arthur Wellesley, duc de Wellington, sans la moindre émotion.

Je dois confesser cependant qu'en le voyant devant la Bourse sans chapeau, par une pluie torrentielle, et dans Hyde-Park, sans caleçon, sous ce climat froid, j'ai eu pour lui un mouvement de compassion.

Que ne se cotise-t-on pour lui acheter un *macferlan?*

. . . .

O Wellington! immense profil de carton, gigantesque pantin de bois! tu es la personnification de la civilisation présente, la gloire de la fabrication moderne, l'idéal du bon marché!

Ta patrie ne sait pas tailler le marbre, mais elle l'imite; elle coule des colonnes en fonte et les recouvre d'un épais stuc qui joue à s'y méprendre l'aspect des piliers du temple.

Que le poëte s'approche et frappe; l'enveloppe tombe, mais le fer reste.

N'est-ce pas là ton image, ô héros d'occasion?

Il ne reste plus rien de ta face d'emprunt; quand

on te considère de près, la charpente osseuse se montre à nu, dure comme le fer.

L'Angleterre t'a pris et t'a lancé sur la statue de marbre, et la statue de marbre a été réduite en poussière.

.   .   .   .

La fortune de ce mannequin est un des épisodes les plus comiques et les plus tristes de l'histoire de ce siècle, mais aussi un de ceux qui donnent le plus à réfléchir sur le génie de ce peuple.

.   .   .   .

Ce soir-là je rentrai assez tard.

L'heure du dîner était passée et mon hôtesse me fit de graves reproches.

— Nous avons eu, me dit-elle, un excellent ordinaire. — Vous avez bien perdu. — Une magnifique tranche de saumon, — des *whit bays*, — un rôti de coqs de bruyère, — un pudding, deux jeunes filles charmantes, — sir Burlett et mistress Burlett.

J'entrai dans la salle à manger; le père, la mère, les deux jeunes filles y étaient encore, mais il ne restait rien de la tranche de saumon, des *whit bays*, du rôti de coqs et du pudding.

L'honorable famille était occupée à démanteler un gigantesque fromage de Chester qui, sapé par la base, ne tarda pas à s'écrouler.

L'une de ces deux jeunes filles était réellement belle, éblouissante de fraîcheur, et empreinte de cette distinction froide particulière aux Anglaises.

Comme il ne restait dans les plats que quelques rares distractions pour la mâchoire, je rassemblai les quelques bribes d'anglais que m'a vendues mon professeur Johnson, moyennant trois francs le cachet, et adoptant de préférence les tournures nègres, je soutins une conversation, véritable steeple-chase, où mes adversaires, chevauchant sur de simples monosyllabes : — *Oh yes*, — *Oh! no*, avaient un incontestable avantage sur moi.

J'étais à bout de forces et à la dernière leçon de maître Johnson, — des verbes irréguliers, — quand le chef de la *Smalah* entama une longue phrase qui me donna le temps de respirer et dont voici la conclusion :

— Oh ! je aimé biaucop, biaucop lé francé.

— Oh ! yès, ajouta la mère.

— Aoh ! yès, firent en chœur les deux jeunes filles.

— Quelle est cette famille ? dis-je à l'hôtesse.

— La famille Burlett. — Sir John Burlett est un voyageur, célèbre par une aventure fort extraordinaire qui lui arriva, il y a quelques années, près de Surinam ; vous en avez sans doute entendu parler, il fut pris par les Caraïbes, lui et un de ses compagnons, Français. — Sir John était alors fort maigre et son compagnon très-gras. — Les Caraïbes tuèrent ce dernier, mirent sir John dans une épinette et le nourrirent avec la chair de son ami, dans l'espoir de l'engraisser, mais sir John parvint à s'enfuir.

— Pauvre homme! m'écriai-je, il a du moins la reconnaissance de l'estomac, mais pourquoi ses filles ont-elles dit : — Aoh yès!... J'eus un frisson qui me passa de la tête aux pieds... Est-ce que ce goût serait héréditaire?.... Oh! non, cela est impossible.

. . . .

N'importe, c'est un triste métier que font ceux qui excitent ces deux nations l'une contre l'autre, et qui encouragent cet appétit coupable.

. . . .

Le soir je fermai ma porte avec soin et regardai sous mon lit avant de me coucher.

VI

C'est un plaisir charmant en voyage d'errer doucement à l'aventure, de flâner sans autre soin que de voir ce qui se présente, de bayer aux enseignes et d'exciter l'appétit par un exercice salutaire ; mais à Londres on ne se promène pas, on ne flâne pas, on ne baye pas au hasard, on marche.

. . . .

Étrange ville ! où tout va rapidement, excepté les réformes, qui ne vont pas là beaucoup plus vite qu'ailleurs, mais qui vont cependant.

L'argent va vite, les affaires, l'amour...... tout va vite.

Les *cabs* eux-mêmes vont vite, et on ne peut les voir passer, eux frêles, près de ces lourds *carriages*, qui ébranlent le pavé de la cité, sans songer à nos honnêtes fiacres qui font prudemment le cabotage le long des trottoirs de Paris.

Cette rapidité est fort agréable pour les *cabs*, mais elle est très-incommode pour les pauvres piétons qui ne sauraient sans danger lier étroitement deux idées de suite dans la rue ; aussi il arrive souvent qu'un grossier *cabman* vous coupe une période en deux, sans crier gare.

Ne vous étonnez donc pas, madame, s'il y a un certain décousu dans ces notes de voyage.

C'est la faute des *cabs*.

Je me souviens qu'un jour, dans *Fleet-street*, tout près de *Drury-Lane*, je tenais la quatorzième rime d'un sonnet, quand passa un omnibus ; je n'eus que le temps de me jeter sur le trottoir, mais une des roues écrasa mon hémistiche, qui était tombé, et il me fut impossible de remettre la main dessus.

Le conducteur, penché à l'arrière du véhicule, me cria : *Bank, sir, bank, hop ! hop !*

Bank ! les pauvres gens n'ont que ces mots à la bouche : *Bank ! money !*......... O poëtes !

Tout bien considéré, madame, j'aime mieux le Midi. Personne ne rend plus que moi justice et hommage à ce peuple courageux, qui marche librement les pieds sur le fer et le front dans la houille; mais décidément j'aime mieux le Midi.

Je préfère à la séduisante annonce des *Oyster-rooms, Good beds* (bons lits), à l'opulent roastbeef des tavernes et aux *lunchs* clos, les *semata* de Venise, les *orchata* de Grenade et les filles de Cadix, laissant dans l'atmosphère pur une traînée de ce parfum qui enivre.

Ces rues haletantes, où la pensée se heurte à chaque pas, ne valent pas les marches paresseuses des temples, où s'improvisent les longs poëmes.

O bords privilégiés de la Méditerranée !

. . . .

« A l'heure chaude et pesante où la langueur
« plane sur les champs, où l'insecte se tait et où
« l'oiseau reploie ses ailes ; à cette heure, les nym-
« phes à demi nues tordent nonchalamment leurs
« chevelures.

« Alors, dans la plaine de Sorrente on voit passer
« les *Britons* aux longues jambes et aux dents ai-
« guës ; ils sont ornés de hideux voiles verts et leurs
« nez portent des lunettes bleues, à rideaux.

« Ils sèment l'or sur leur passage, car ils viennent
« de la Grande-Bretagne, qui est un pays riche, mais
« les nymphes chuchotent entre elles : — Voilà le
« peuple *au cou roide*, l'amour ne bourdonne pas
« en son cœur et n'y dépose pas son miel ; l'amour
« chez lui est un caissier qui fait la balance du
« mois. »

J'ai entendu chanter ces strophes par un vieux chien des environs de Naples, et quand il eut fini, il sauta sur ses pattes de derrière en secouant ses oreilles, se réjouissant d'être chien et non pas homme.

N'avait-il pas raison ce citoyen de la gent canine?

Il faut vous dire, madame, qu'en ce pays il y a encore quelques chiens philosophes qui prétendent que le bonheur ne dépend pas de la forme de la muselière, mais que la première condition pour être heureux est de n'en avoir pas.

Aussi rient-ils beaucoup de ces pauvres hommes qui prennent la rage et se mordent pour savoir qui les muselera.

Je demandai un jour à celui-ci pourquoi il raillait les Anglais.

« Je les admire, me répondit-il, mais je ne les aime pas. » Ils sont jaloux de leur liberté, et ne se montrent si ridicules à nos yeux que pour nous en dégoûter. Mon maître demande quelquefois à mes compagnons s'ils voudraient être libres, à la condition d'avoir les poils rouges, et tous répondent non, car ils pensent, eux simples, que la liberté est inséparable de cette couleur.— Alors tous aboient après John Bull et s'écrient : Vive l'esclavage dont ne jouit pas cet insulaire.

VII

Je ne ferai jamais, madame, qu'un détestable *cicerone*, et ce ne sont pas cependant les bonnes intentions qui me manquent, je vous jure.

Chaque fois que je me mets en route, j'enveloppe proprement mes classiques — édition de poche — dans une feuille de cet excellent papier officiel sur lequel s'imprime *le Moniteur* ; j'achète un bon Guide — collection Joanne ; — j'attache le tout avec de la ficelle à trois fils, que mon épicière m'a affirmé être la seule approuvée et recommandée par le gouvernement, puis je glisse le paquet dans un coin de ma malle et je rêve aux incomparables descriptions que je vais faire avec autant de vérité et d'érudition que de précision et de bon sens — hauteur, longueur et largeur des monuments, — citations des bons poëtes, — réflexions philosophiques, etc., etc.

Mais ces rêves ne durent pas longtemps, car la première chose que je fais est d'oublier mon Guide sur une table d'hôte et d'échanger mes classiques contre n'importe quelle babiole.

Ainsi je me proposais de vous rendre un compte exact de la célèbre abbaye de Westminster, avec un détail aussi distinct qu'intéressant, et j'estimais qu'en interlignant j'arriverais sans trop de peine à extraire de ce remarquable sujet quarante ou cinquante pages, ce qui, à vingt centimes la ligne et à trente-deux lignes par page, produirait un total d'environ trente mille centimes, — soit de trois cent à trois cent vingt livres parisis.

Hélas ! la laitière faisait bien d'autres calculs, mais le pot cassé ? que faire ? — Le Guide perdu, les classiques vendus, que décrire ? Ma mémoire ne vaut pas grand'chose, et il m'est impossible de mesurer à vue de nez la hauteur du plus petit pilier.

Les Guides sont donc des livres utiles et les bons auteurs des compagnons indispensables.....

Vous allez voir cependant qu'après tout je n'ai, bien que pris au dépourvu, pas fait une mauvaise opération et pour vous et pour moi.

1° Il vous sera facile de trouver ailleurs les renseignements les plus précis sur l'abbaye de Westminster.

2° En échangeant mes classiques contre un plaid d'Ecosse, chaud et moelleux, je me suis débarrassé du même coup des citations incommodes qui entraînent trop souvent la plume dans des digressions interminables, et j'ai fait une bonne et utile acquisition.

3° Enfin, tout me porte à croire que n'ayant aucun nom dans l'aristocratie des lettres, les éditeurs ne s'arracheront pas mon manuscrit — qu'alors les trente mille centimes, que je devais recevoir, sortiront de ma bourse pour les frais d'impression — et qu'évidemment en cette triste occurrence, plus je serai bref, mieux cela vaudra.

Economie de temps et d'argent. Que d'autres plus puissants méditent cette dernière parole !

.   .   .   .

Malgré ces considérations majeures, j'aurais bien voulu cependant vous donner la nomenclature de tous les poëtes qui sont enterrés au « coin des poëtes, » dans Westminster, car on en compte là beaucoup plus qu'il n'y en a eu, qu'il n'y en a et qu'il n'y en aura vraisemblablement jamais dans les trois royaumes.

Comment cela se fait-il? *That is the question.*

Il est probable que pour le plus grand nombre il y a eu erreur, sinon dans la personne, tout au moins dans l'esprit.

> Fut-il roi, ne le fut-il pas?
> La mort termine les débats.

VIII

Quel curieux chapitre on ferait sur ces vanités du sarcophage !

IX

D'Old-Palace-Yard l'œil plonge jusque dans les replis du mystérieux monument gothique et l'imagination peut se livrer là à une folle sarabande.

— Ma foi, mon cher, je vous dirai franchement, s'écria N., que je déteste ce galimatias goth qui nous pervertit et nous égare l'esprit. Il est bien, par Dieu, l'image du dogme; des lignes brisées, pas de lignes droites; des détails, pas d'ensemble; l'ombre partout, la lumière nulle part.

Bienheureux les enfants des Grecs, qui n'avaient pas cet éternel cauchemar de la pensée, et dont la religion, au demeurant assez bornée, avait du moins le mérite de la limpidité !

— Après qui en avez-vous, ce matin, avez-vous trop bu de sherry?

Peut-être — Ἔν οἴνῳ ἀληθεία.

. . . .

Il ne reste du vieux palais de Westminster, que Westminster-Hall. Cette salle est magnifique, la plus grande du monde et elle porte la plus merveilleuse charpente qui se puisse voir.

Là fut jugé Charles Iᵉʳ; là aussi le puritain Cromwell se faufila dans la pourpre royale, et à cette même place où il avait trôné, sa tête fut placée sur une pique, faisant une laide grimace.

Le nouveau palais s'ouvre par un escalier monumental que décorent les statues des grands orateurs.

A gauche : Burke, Fox, lord Mansfield, Falkland, lord Somerset, lord Clarendon. — A droite : Hampden, Salden, Walpole, lord Chatham, William Pitt et Grattan.

On m'a montré, pour un schelling, la place où siége le grand lord Palmerston, et cela est en vérité pour rien.

Notez que de la fenêtre j'ai vu, sans débourser un penny de plus, défiler les volontaires, ceux de Middlesex et ceux de Kent, ceux de Southwark et ceux de Surrey : les braves de Cornhill et les terribles de Marylebone ; ils marchaient (*merry England !*) précédés de la musique monocorde, et les chiens poussaient des glapissements plaintifs.

Ces chiens sont des chiens ; ils ne comprennent

pas les choses sérieuses et ne savent pas que ces hommes soufflent dans une bonne intention.

Britons shall never be slaves.

Pour moi je n'ai pas regretté mon schelling.

X

Il y a des monuments, madame, qui éveillent en nous de singuliers souvenirs, des souvenirs grotesques.

Ainsi la grosse tour de Londres, *the White Tower*, la Tour Blanche, projetant sur le fleuve son ombre trapue et massive m'a rappelé la grosse madame X .., *votre chère et intime amie.*

Les murs de la Tour Blanche ont quatre mètres d'épaisseur, et l'édifice se compose de trois étages élevés, voûtés très-commodément pour recevoir le musée des armes.

Madame X... est aussi très-épaisse et ses cavités abritent tout un arsenal de médisances.

La seule différence est que *the White Tower* renferme une chapelle du culte protestant, tandis que madame X... est une bonne catholique.

C'est dans la Tour Blanche que reposent l'infortunée Anne Boleyn, Georges Boleyn, son frère ;

l'évêque de Rochester, John Fisher, Thomas Cranmer, le lord chancelier sir Thomas More, la comtesse de Salisbury, dernier rejeton des Plantagenets ; Édouard Seymour, duc de Somerset, Thomas Howard, duc de Norfolk, l'infortunée Marie, reine d'Écosse, et aussi le fameux comte d'Essex, favori d'Élisabeth.

Que de victimes !

Madame X... n'a pas décapité moins de bonnes réputations, mais, ainsi que je viens de le dire, madame X... est une bonne catholique qui est en odeur de sainteté dans sa paroisse, tandis que la Tour Blanche inspire l'effroi, non-seulement dans *Mark-lane*, mais encore dans les paroisses voisines.

Mon ami N. fut frappé comme moi de la ressemblance de ces deux illustres monuments, et sa stupéfaction fut au comble en reconnaissant dans un des gardiens vêtu du haut de chausses antique, la physionomie du vieux marquis de Saint-L....., le fidèle gardien de madame X...

XI

Quand on a nommé Westminster et la Tour de
de Londres, on peut, comme dit la chanson écos-
saise, *siffler sur le reste.*

John Bull est cependant fier de ses monuments ;
il est surtout fier de Saint-Paul, sa cathédrale, qui a
la tête de plus que le Panthéon.

Saint-Paul est en effet un gros monument qui n'a
pas coûté moins de sept cent quarante-sept mille
neuf cent cinquante-quatre livres deux schellings
et neuf deniers, ce qui est un bon prix. Mais ce qui
fait le bon *pudding,* ce n'est pas la grande quantité
de la pâte, c'est la qualité du raisin, mon cousin
John, et *non licet omnibus adire Corinthum.*

— Tiri, tiri, tirili, riti, tirili.....

— Fredonnez tant que vous voudrez. — Il faut
être de son temps et de son pays, mon ami. — Il faut
tracer les lignes pures sous le ciel pur et ne pas
enfermer l'obscur méthodisme dans les temples lu-

mineux ; car, entre nous, votre religion n'est pas plus limpide que....... — Halte-là ! — L'abbé rirait sans doute beaucoup si j'assommais les anglicans ; mais si par hasard j'effleurais. . . . . juste ciel ! — il prendrait son air le plus grave et me dirait : « Mon enfant, maltraitez ces barbares si bon vous semble, mais ne touchez pas à l'arche sainte, car vous n'entendez rien à la théologie, et si je faisais mine de répliquer, alors pourrait se déterminer chez lui le *cas irritant* et il s'écrierait :

« *Maledictus sit in totis compagibus membrorum, a* « *vertice capitis usque ad plantam pedis.* »

Et je tiens beaucoup à tout cela, madame.

Je ne dirai donc rien si ce n'est que l'anglicanisme n'a pas d'architecture, qu'il a pris la vieille défroque païenne, en ayant soin seulement d'en enlever la dorure et que ses froides panathénées m'ont semblé ridicules sous ses triglyphes d'occasion.

Je vous avouerai même qu'en considérant ces maigres cérémonies, je ne me suis pas rappelé sans plaisir ce magnifique enterrement que nous vîmes ensemble à Vérone.

Je vois encore cette longue file de moines, blancs, noirs, gris et roux, défilant en bon ordre et faisant consciencieusement œuvre de leurs poumons. C'était un merveilleux coup d'œil. Vous souvenez-vous de cette petite tête blonde qui écartait la tenture mortuaire pour mieux voir? Je n'oublierai jamais ce délicieux sourire au milieu de l'étoffe larmoyante.

— Bonjour, Beppa, lui criait en passant le gros chapelain de Santa Lucia.

— Bonjour, signor abbate. — Et elle de rire et lui de reprendre son chant.

Mais revenons à Saint-Paul.

Ce qui plaît surtout à mon cousin John, dans cette église, c'est le *whispering gallery*, la galerie sonore, où le plus léger soupir s'entend très-distinctement. Mon cousin John monte là avec la jeune miss, sa fiancée, et leurs cœurs se parlent à quarante mètres de distance, pendant que les vieux parents essoufflés comptent sur leurs doigts le nombre des marches qu'ils ont montées.

Deux cent quatre-vingts pour la galerie et trois cent trente-six pour atteindre la boule, en tout six cent seize, ascension qui se fait aux conditions suivantes :

Le wispering gallery	1 s. 6 d.
La boule (bull).	2 8
TOTAL.	4 s. 2 d.

All right!

XII

Lorsque je vais à la Bourse, disait Addison, je me figure souvent un de nos anciens rois, placé dans la même niche où est aujourd'hui sa statue et occupé à regarder cette affluence de riches citoyens qui s'y rendent tous les jours. Quelle ne serait pas sa surprise d'entendre parler toutes les langues du monde dans ce petit carré de son ancien domaine et de voir un si grand nombre de particuliers qui, de son temps, auraient été les vassaux de quelque puissant baron, négocier pour des sommes plus considérables qu'il n'y en avait autrefois dans le trésor royal !

'Il est certain que le dieu Mercure, le seul des dieux païens qui n'ait pas perdu ses temples sur la terre, doit être fier de celui qu'on lui a élevé à Londres.

Tout près de là, dans *Guildhall*, siége le lord maire, la majesté bourgeoise assise entre ses deux humoristiques conseillers, *Gog* et *Magog ;* mais la divinité citoyenne est bien petite à côté du dieu ailé.

Il règne, lui, sur les docks, et c'est là que la vanité britannique se déploie tout à l'aise.

— Vingt-trois acres de vin de Porto !

— Quarante-six *dito* de Sherry !

— Dix-sept cent mille boucauts de sucre !

— Six mille carrés de liqueur des Barbades !

— Quatre millions de gallons d'huile de ricin !

— Deux cent soixante mille tonnes de magnésie !

— Dix-neuf cent mille barils de bœuf salé, etc.

Londres qui est peuplée de deux millions huit cent trois mille neuf cent quatre vingt-neuf âmes (merveilleuse science que la statistique !) et qui contient trois cent cinquante-neuf mille quatre cent vingt et une maisons habitées, consomme deux millions de quartiers de blé, soit vingt-cinq millions quatre cent mille kilogrammes ; deux cent soixante mille bœufs ; deux millions cent mille cent moutons ; quatre cent mille veaux et cinquante-six mille porcs (sauf votre respect).

Un seul marché, celui de *Leadenhall*, fournit plus de cinq millions de têtes de gibier. *Billingstate*, vend trois millions de saumons.

La consommation annuelle des boissons est de soixante et un millions de gallons de bière (ale et

porter), environ deux cent quatre-vingt mille hecto-
litres, deux mille cinq cents gallons de spiritueux
et quatre-vingt mille pipes de vin.

Aô! le Angleterre il était une grit neschione.

Mais ce qui désole M. Samuel Clarkson, de la
maison Clarkson, Trottmann et compagnie, c'est
qu'on a calculé qu'une demi-douzaine des Mega-
therium, dont le British museum conserve un sque-
lette antédiluvien, n'eussent fait qu'une bouchée de
tout cela.

Calcul humiliant pour la puissance britannique!

Et nous, hélas! nous ne sommes à côté de ces
carnivores que de pauvres ruminants.

XIII

Les hautes herbes molles, les prairies toujours vertes, les eaux vives, les chênes robustes, apparaissent de temps en temps à l'angle de la rue et sont la poésie consolante de cette prose; Cavendish! Saint-James! Battersea! Kensington!

Qu'il soit romanesque, ce tableau, composé à dessein, il n'en est que plus charmant, car il nous fait d'autant plus vivement sentir le prix des délicatesses et des caprices de la fantaisie.

. . . .

Entre l'heure de la Bourse et le diner, tout le monde se promène dans ces parcs, tout le monde, excepté cependant les pauvres cabs qui n'ont pas le droit d'y entrer. O liberté!

Il fait bon s'asseoir là et regarder passer en fumant les grosses faces rubicondes des nababs de la

Cité et les longues dents de Leurs Honneurs du West-
End.

La plate et lourde stupidité du comptoir s'étale
pesamment dans des équipages cossus; elle bâille
et elle ne pense à rien, mais les honorables lords,
qui restent badins jusqu'à un âge avancé, montent
d'honorables chevaux et soulèvent sur la selle leurs
honorables derrières.

Les jeunes miss galopent, suivies de leurs grooms
qui trottinent à une distance respectueuse; leurs
pommettes saillantes ont la blancheur du lis, l'in-
carnat de la grenade, et les bardes de la *gentry*, qui
n'ont qu'une corde à leur lyre, chantent leurs
charmes.

Mais le poëte qui rêve des almées à la taille souple,
le poëte qui aime les beaux fruits dorés du soleil,
souffle sur cette triste mascarade et rit de ces poupées de *cold-cream*.

Une des choses qui surprennent le plus les étrangers qui arrivent à Londres, est le système simple
à l'aide duquel les Anglais conduisent les chevaux :
un simple filet, sans mors ni fausse rêne.

« Est-ce qu'ils ne s'emportent jamais, demandai-
je au premier *coachman* que je rencontrai dans
Hyde-Park.

— Jamais, » me répondit-il.

Le soir j'en parlai au comte de L..., qui habite l'Angleterre depuis longtemps.

« Ce cocher a raison, me dit-il, en France nous chargeons la bouche de ces malheureux animaux d'une si grande quantité d'instruments de torture : — anneaux brisés, mors cannelés, etc., etc., nous leur roidissons tellement l'encolure avec la fausse rêne qu'ils ont l'air de soldats au port d'armes, fixes et l'œil à quinze pas devant eux, mais ils n'en ont pas l'obéissance passive et ils s'emportent souvent, précisément à cause de cet excès de précautions barbares qui les irritent au lieu de les rendre plus sages.

— Hélas ! à ce compte nous sommes tous un peu quadrupèdes et je connais bien des fausses rênes administratives et des mors réglementaires qui n'ont que ce résultat, — nous irriter.

— Mais vous n'avez donc pas remarqué, dit R... que rien ne se fait ici comme en France, que les cochers prennent leur gauche au lieu de prendre leur droite, qu'ils accrochent sans crier, tandis qu'en France ils crient sans accrocher, que ce qui est blanc ici est noir là-bas, qu'il n'y a pas deux peuples plus antipathiques que les Gaulois et les Anglo-Saxons?...

— Je sais tout cela et ce que vous allez ajouter, mais parce qu'une chose est bonne ici, pourquoi ne serait-elle pas également bonne de l'autre côté de la Manche?

— Parce que le tempérament, le climat, tout est différent, parce que vous ne conduirez jamais en France un cheval à l'aide d'un filet.

— Sans aucun doute, puisqu'il a les barres fatiguées, meurtries ; mais si je rends à sa bouche sa sensibilité première ?

— Alors c'est son éducation à refaire.

— Précisément, ce ne sont pas les maladies qui sont *incurables*, ce sont les médecins.

———————

Je n'ai jamais lu sans émotion, madame, cet honnête portrait d'Yorick.

Yorick n'avait qu'une seule impression, celle qui naissait de la nature du fait en question; cette impression, il la traduisait d'ordinaire en bon anglais, sans périphrase — et trop souvent, sans beaucoup tenir compte de la personne, du temps et du lieu — en sorte que lorsqu'il était fait mention d'un pitoyable et indigne procédé, — il ne prenait jamais le temps d'examiner quel était le héros de la pièce, — quel était son rang — ou jusqu'à quel point l'offensé avait le pouvoir de lui nuire par la suite ; si c'était une vilaine action, sans plus s'inquiéter, l'homme était un vilain drôle....., etc., etc.

C'est précisément cette franchise que j'estime

dans John Bull, cette facilité à mettre à nu publiquement ses plaies sociales.

Mais ce que je reproche à notre voisin, c'est de mettre l'intérêt avant le devoir, c'est-à-dire d'être un peu trop Sancho Pança.

De notre côté, nous aimons à l'excès don Quichotte, et souvent Jean Potage, ainsi que nous appelle John, après avoir vainement couru sus aux moulins, s'aperçoit un peu tard qu'il est le chevalier de la triste figure.

Hier, au *Cider Cellar* (le caveau au cidre), quelqu'un conta l'histoire suivante :

.   .   .   .

A l'époque où les pirates barbaresques écumaient le golfe de Lyon, un Français et un Anglais, embarqués à Marseille, tombèrent entre les mains d'un de ces négociants, furent l'un et l'autre emmenés à Tunis et là vendus au caïmacan.

Dès les premiers jours, le Français prit si gaiement son parti et s'accommoda de son état avec une telle grâce qu'on eût pu croire qu'il était là volontairement et qu'il semblait être le maître du logis; le caïmacan le prit en affection et lui promit sa liberté.

L'Anglais, au contraire, n'attendit sa délivrance que de lui-même, et dans ce but, il courtisa une des femmes du pacha, s'en fit aimer et lui promit monts et merveilles si elle voulait fuir avec lui. L'odalisque accepta, et par une nuit sombre ils s'échappèrent du séraï et s'embarquèrent pour Alger; mais arrivés là, l'Anglais,qui était prévoyant et qui savait qu'on ne vit pas de l'air du temps, mena sa maîtresse au marché, et malgré ses larmes et ses prières, la vendît à un marchand juif.

Dès que le Français s'aperçut de la disparition de son compagnon, pour lequel il avait un attachement réel, il se livra à un désespoir violent ; ce désespoir dégénéra en fureur et cette fureur lui donna des forces si grandes qu'il rossa les gardes du caïmacan, s'enfuit, courut au port et gagna à la nage un navire qui faisait voile pour Alger.

A peine débarqué, il aperçut son ami établi dans un riche comptoir et alla à lui, mais celui-ci fit mine de ne pas le reconnaître ; le pauvre diable,qui était dans un dénûment complet, en fut réduit à se vendre à un nouveau maître, aimant mieux servir que de tendre la main à un ingrat ami.

Souvent on l'entendait pleurer en cachette ; mais dès qu'il paraissait en public il rentrait ses larmes et affectait de rire.

L'Anglais, lui, racontait avec un grand cynisme, à qui voulait l'entendre, les détails de son ignoble trafic , et la foule riait parce qu'il était riche et qu'il pouvait beaucoup.

. . . .

Cette anecdote vous prouve, madame, combien il est difficile de trouver le terme moyen entre la grossièreté brutale de Sancho et les élégantes cabrioles du chevalier de la Manche, car aucun de ces deux hommes, l'Anglais et le Français, ne fut complétement sage ; leur devoir était de se liguer contre le caïmacan, leur ennemi commun, et de reconquérir ensemble leur liberté, ce qui eût évité à l'un des pasquinades inutiles et à l'autre une fort méchante action.

Mais les hommes ont été, vont, et iront toujours tirés d'un côté par l'imagination qui leur fait faire les folies de don Quichotte, et de l'autre par le mesquin intérêt doublé du gros bon sens de Sancho.

C'est pour cela, madame, que je trouve le livre de Cervantes un livre admirable, un manuel merveilleux où sont analysés chacun de nos appétits et chacune de nos sensations, un livre que nous devrions tous savoir par cœur.

Alors on n'entendrait peut-être plus vanter le maitre ni glorifier *l'adresse* du valet ; alors aussi... Mais pardon, madame, de tout cela il ressort qu'Yorick était incontestablement un fort honnête homme et que la vérité est souvent bonne à dire. Je n'ai pas eu l'intention d'avancer autre chose.

XIV

.

Nous eûmes hier soir avec l'abbé une longue et grave conversation.

L'abbé n'aime point ce pays, c'est-à-dire que l'abbé n'aime pas la liberté.

Il me conta une histoire fort effrayante d'une famille nombreuse qui avait été empoisonnée autant par le discours libre d'un quaker que par les drogues d'un pharmacien, qui vendait sans surveillance ses toxiques.

« Ce régime anglais du laisser faire et du laisser
« passer, me disait-il, abandonne les âmes et les
« corps à tous les genres d'empirisme. Pilules mé-
« dicales, pilules littéraires, politiques, philoso-
« phiques et religieuses, tout homme a pleine
« liberté de confectionner les siennes d'après sa
« propre recette.

« En les débitant avec la même liberté, il met

« nécessairement en péril la santé du corps et de
« l'âme des acheteurs[1]. »

L'abbé parla longuement sur ce thème; il déve-
loppa, commenta, tourna et retourna le sujet, et
enfin conclut qu'il ne faut rien livrer à l'aventure,
mais exercer une sage surveillance sur toute chose ;
combattre l'erreur, n'enseigner que le bien, et surtout museler les journalistes et les pharmaciens
qui empoisonnent la pauvre humanité.

Je hasardai timidement que la concurrence, en
laissant le champ libre au travail, le stimule et devient la source véritable du progrès, — que l'Évangile dit : cherchez et vous trouverez, — qu'il faut
donc autoriser la libre recherche si l'on veut savoir
où est le bien et où gît l'erreur, — qu'enfin rien
n'est plus facile que de prouver qu'on a raison,
sans pour cela qu'il soit utile de museler ses adversaires. Mais l'abbé me répondit qu'on savait parfaitement où était le bien, puisqu'il avait été révélé
et qu'en dehors de cette révélation, le reste ne
pouvait être que mal, — que la terre nous avait été
concédée comme une vallée de larmes et qu'il fallait se borner aux consolations d'en haut, sans
rechercher celles d'en bas.

Permettez-moi de vous dire cependant, lui répli-

[1] M. Aurèle Kervigan.

quai-je, que cette concession a changé de nature. Quand le clergé se vit, par la découverte de l’imprimerie, enlever le monopole de la science; quand la noblesse, par l'invention de la poudre, perdit les avantages de son éducation gymnastique, et que le vilain, armé de la plume et du mousquet, devint un rival redoutable pour le clerc bardé de latin et pour le cavalier bardé de fer, alors tout dut changer et tout changea.

Quoi que vous fassiez et qui que vous museliez, mon cher abbé, vous n’empêcherez pas le monde de marcher, de s'éclairer peu à peu, de discuter lui-même ses droits sans courtier, et vous serez forcé de chercher comme nous une nouvelle base aux sociétés modernes, la base de la liberté.

Sur ce, mon ami Karl Achenback posa sa pipe, rejeta ses cheveux en arrière, mit sa main gauche sur son cœur, étendit la main droite et jura qu’il était jacobin, qu’en son âme et conscience, c’était l’abbé qui enseignait l'erreur et lui qui enseignait le bien; — qu’il était partisan des muselières, mais pour l’abbé et non pas pour lui.

Il ne faut de muselières pour personne, m’écriai-je, mais mon cri fut vain, car les deux adversaires ne m’entendaient plus. L’abbé appelait Jacobus *régicide* et Jacobus traitait l’abbé d’*inquisiteur*.

Quand ils eurent suffisamment crié, quand ils se

furent à satiété reproché l'un à l'autre la Saint-Barthélemy et les massacres de septembre, nous sortîmes pour aller dîner.

En arrivant dans la rue, nous remarquâmes avec étonnement que, malgré cette brillante discussion, l'humanité souffrante ne s'en portait ni mieux ni plus mal; d'où G. conclut que la discussion est inutile, et qu'écrire ou parler n'a pas plus de portée que de faire des cocottes en papier et n'a qu'une excuse : se distraire.

G. se flatte d'avoir une idée par jour.

Celle-ci en vaut bien une autre.

XV

« La raison, quand elle nous vient, nous trouve déjà acoquinés à ce monde, » a dit un philosophe. — S'il y a en effet beaucoup d'aveugles de naissance parmi nous, il y en a aussi un grand nombre qui ont l'intelligence recouverte d'une taie, par suite des accidents du premier âge. Les billevesées s'introduisent dans notre cervelle sous forme de petits grains de poussière en apparence fort innocents, mais peu à peu les grains s'amoncellent et il se fait une grosse croûte de préjugés qu'il est ensuite fort difficile d'enlever.

De ces encroûtements il y en a de fort inoffensifs qui ne sont pas dépourvus même d'un certain parfum poétique, mais il en est aussi de méchants et de nuisibles.

. . . .

Ces réflexions me vinrent à Covent-Garden, à la suite de notre conversation avec l'abbé. — La langue me brûlait le palais, et j'allais, sans nul doute, dire des choses très-éloquentes sur la liberté de penser, — la liberté d'écrire et la liberté de parler, quand je fus arrêté par la sage observation de mon ami G... — A quoi bon?

Si vous voulez vous distraire ajouta-t-il, ne vaut-il pas mieux considérer les jambes de ces danseuses, et écouter cet orchestre passable?

Vous serez bien avancé après que vous aurez prouvé que ceci est et que cela n'est pas. On vous répondra : Nous le savons aussi bien que vous, mais attendez à demain.

Arlequin rasera demain gratis.

C'est là le dernier mot de la science politique.

Le moment des réformes sociales n'est pas venu, ajouteront les hommes d'État. Allez, courez, la route n'est-elle pas facile et fleurie? Évitez les tableaux lugubres, s'ils vous attristent, et ne jetez les yeux que sur le côté riant de toute chose. Vivez dans une douce insouciance : l'horizon est bleu. — Regardez l'horizon, rêvez.

Voilà qui est bien dit et bien raisonné.

A quoi sert en effet de monter sa montre? de compter les heures?

Omnes vulnerant, ultima necat,

a dit le poëte.

Attendons patiemment la dernière, sans mettre le doigt sur chacune de nos blessures, et quand elle viendra, cette dernière heure, quand viendra la décrépitude, seconde enfance, alors nous confesserons nos erreurs de la vingtième année; nous renierohs notre ardeur juvénile, nous dirons que tout est pour le mieux dans le meilleur des mondes, — que nous seuls sommes des esprits chagrins, — que nous étions fous de vouloir rejeter cette bienfaisante croûte de préjugés, qui protége et conserve, — et ceux qui demain diront encore au progrès : demain, ceux-là nous attacheront comme l'oiseau dans le champ, pour attirer les autres, et ils diront : Il avait cru comme tant d'autres qu'il était meilleur de voler libre dans l'espace. — Hélas! il a bien vu qu'il valait mieux vivre, un fil à la patte. — Les oiseaux libres fuiront bien loin, mais ceux de la basse-cour riront beaucoup — et on nous fera de belles funérailles et on brûlera de l'encens...

— Ah! ah! fit Karl en ricanant, tout cela est bien sérieusement triste, mais il faut coasser avec les grenouilles. Qui ne connaît l'histoire du réprouvé?

. . . .

« Le réprouvé a voulu être, le réprouvé a voulu
« secouer le joug qui l'opprime, mais le malheur et
« la ruine sont entrés dans sa maison; la mort a

« dépeuplé son foyer et l'inondation a dévasté son
« champ.

« C'est ta faute, lui disent froidement ses frères,
« il fallait s'incliner et ils lui font un crime de son
« malheur.

« Il relève alors fièrement la tête ; son esprit roule
« de pensées en pensées ; sa tête est un monde dévasté
« qui s'écroule. Son visage prend la pâleur du soufre
« et il laisse échapper ces mots : J'ai agi selon ma
« conscience, et ceux que vous appelez saints me
« condamnent. Dites, que voulez-vous de moi ? —
« Que tu renies ton passé. — Jamais. — Alors ils se
« cramponnent à lui et la nuit et le jour. — Lâchez-
« moi, s'écrie-t-il, mais leurs lèvres s'attachent aux
« siennes, leurs mains enlacent ses mains, leurs
« poitrines oppressent sa poitrine.

« Et un jour, en le voyant passer échevelé, pour-
« suivi, errant, un passant dit : Quel est donc ce
« fou ?

« C'est le réprouvé, répond la foule. »

. . . .

In me a poco a poco
Risorge l'amor.

— Ah ! bravo, bravo ; quelle grâce dans ce début ! quelle finesse ! fit l'abbé, qui vient ici au
théâtre parce qu'il est en voyage.

— C'est adorable et d'un sentiment exquis, répondit miss Sarah.

— L'idéal ! l'idéal ! murmurait N... au fond de la loge, il faut le soleil au calice de la fleur, l'espérance au cœur de l'homme. — Croire et espérer.

— Un conte grivois pour me distraire, bâilla M. Samuel Clarkson. Polonius était un grand conseiller.

— Ah ! certes; voilà la vraie morale ! le conte grivois qui énerve l'intelligence et excite les sens. — *E viva la bestia !* Auguste pensait ainsi, Tibère s'en trouva bien.

XVI

OCTAVE.

« Vous pouvez faire ce qu'il vous plaira ; mais
« c'est un soldat intrépide et dévoué. »

ANTOINE.

« Mon cheval l'est aussi, Octave ; et pour ce mérite
« je lui assigne sa ration de fourrage. C'est un ani-
« mal que j'instruis à combattre, volter, s'arrêter ou
« courir en avant. Ses mouvements physiques sont
« gouvernés par mon intelligence et à certains égards
« Lepidus n'est rien de plus ; il a besoin d'être in-
« struit, dressé et averti de se mettre en marche. »

. . . .

Dans la petite ville de la Rochelle que j'habite,
petite ville qui a été autrefois une grande ville et
de qui l'on peut dire : « petit poisson redeviendra
grand, » car grâce aux annexions successives ; à
l'extension de la limite de l'octroi, etc., etc.,

etc...... sa population augmente chaque jour ; dans cette petite ville donc, il y a une foule de très-bonnes gens que j'aime beaucoup, et parmi ces bonnes gens tout particulièrement mon voisin Lécureuil.

Lécureuil est un homme d'un grand sens, qui, à l'exemple des sages de la Grèce, parle volontiers par sentences.

Il n'y a que les fous, dit-il souvent et brièvement, qui s'occupent de politique.

Il en excepte bien entendu les préfets, les sous-préfets, les conseillers de préfecture, les procureurs impériaux, les commissaires de police, les gendarmes, etc....... enfin tous les dépositaires de de l'autorité, pour lesquels, en bon Français, il professe le plus profond respect.

Cette opinion de mon voisin Lécureuil peut sembler tout d'abord extraordinaire présentée ainsi, sans commentaires, et j'ai vu bon nombre de personnes s'en étonner de la part d'un homme aussi sensé ; mais pour moi, qui l'ai entendu développer sa pensée, cette pensée me semble très-naturelle.

Quels sont, en effet, ceux qui s'occupent de politique? dit Lécureuil, les jours où sa rate et son verbe se dilatent. — Ceux qui réclament contre les lois d'exception et la suspension de la liberté de la presse.— Or, ceux-là sont des journalistes et des conspirateurs, c'est à-dire des bavards et des gens malintentionnés,—des fous, en un mot, et de la pire espèce.

Est-il rien de plus clair et de plus logique?

En cela, comme en toute chose, Lécureuil raisonne très-sagement, comme vous allez, madame, en avoir la preuve par le chapitre suivant, qui renferme les détails exacts de la visite que je fis à Bedlam, le vingt du dernier mois d'août.

Vous y verrez que Lécureuil n'est pas sans parenté avec le cheval d'Antoine, que de ce côté de la Manche comme de l'autre, il y a des hommes dociles et que milord Temple Palmerston est un grand politique.

XVII

Il était près de midi, et la fatigue commençait à me gagner ; nous marchions depuis trois heures.

— Où me conduisez-vous ainsi? dis-je au docteur.

— A Bedlam.

— Prenons un cab?

— Non, cela est sain de marcher.

Nous allâmes encore, pendant une heure, à travers des rues boueuses et étroites ; de temps en temps, le docteur se retournait vers moi et riait d'un rire sec qui m'agaçait horriblement les nerfs.

Au moment où il allait sonner à la porte de l'hôpital, il me saisit le pouls, et, se passant la langue sur les lèvres avec un air de satisfaction : Bien, très-bien, fit-il, l'exercice est salutaire avant une semblable épreuve. Ah ! c'est un triste spectacle ! soupira-t-il, et je remarquai que son visage était en proie à une contraction musculaire qui rendait sa physionomie étrange.

Un frisson me passa par tout le corps.

Est-ce que cet homme serait fou? pensai-je.

On ouvrit la porte... Le docteur Temple! s'écrièrent les gardiens, en s'inclinant avec respect.

Je fus complétement rassuré.

J'avais rencontré le docteur le matin, dans le comptoir de M. Cobden.

Après un quart d'heure d'attente, pendant lequel on n'entendait que le refrain ordinaire des commis: Deux et deux font quatre, quatre et quatre font huit, huit et huit...

— Monsieur, m'avait-il dit, cette atmosphère de boutique est insupportable; voulez-vous que nous allions ensemble faire un tour dans la cité?

— Volontiers.

Et nous étions partis.

En entrant à Bedlam, il me pria de l'excuser un instant, et dit à l'un des gardiens de me conduire au préau des aliénés.

— Cet établissement, commença le gardien, qui savait son rôle, date du milieu du treizième siècle; il fut fondé par Simon Fitz Mary, shériff de Londres, Ce fut d'abord un prieuré de...

— Faites donc attention, je vais vous avaler!

s'écria un individu que j'avais heurté par mégarde.

— Ce malheureux, me dit mon cicerone, se figure qu'il avale tout ce qui passe devant lui. Je disais donc : un prieuré de frères et de sœurs dont la vocation spéciale était de soigner les fous ; il était situé, dans l'origine, à Moorfields ; mais, en 1810... Vous voici, monsieur, dans le préau, côté des hommes... l'institution fut transférée ici ; la partie ouest est occupée par les femmes.

— Les femmes, interrompit un vieillard qui s'avançait en faisant de grandes salutations ; les femmes ! serpents dont nous n'avons nul souci. Je suis, monsieur, le célèbre quaker Bright, dont, sans nul doute, vous avez entendu parler, et je viens de mettre la dernière main à mon ouvrage : *De Re politica.*

— Cela doit être volumineux ?

— Trente pages à peine ; trois chapitres : le premier sous ce titre : *De l'Honnêteté;* le second sous celui : *De la Franchise ;* le troisième, enfin, intitulé : *De la Confiance.*

— Je vois que, bien loin d'entrer dans des digressions étrangères, vous avez...

— Je suis désolé, en vérité, me dit le docteur Temple en accourant, il est impossible en ce moment de visiter les incurables.

— Et pourquoi ?

— Ils sont furieux, venez avec moi. Et m'entraî-
nant vers une porte fermée : Mettez l'oreille à cette
serrure.

J'écoutai, et j'entendis un vacarme effroyable ; le
bruit du tambour dominait les cris : ran tan plan ;
ran tan plan, hip, hip, hourrah ! Attention... croi-
sez..... elle..... joue..... feu !

— Ah ! fis-je, ils parlent français.

— Oui, c'est la langue la plus militaire.

— La plus diplomatique, vous voulez dire.

— L'un n'empêche pas l'autre.

Je risquai un œil au trou de la serrure, et je vis
ces forcenés qui couraient à travers la chambre, se
livrant à une poursuite fantastique d'êtres imagi-
naires.

— Je vous en prie, docteur, laissez-moi seulement entre-bâiller la porte,

— Non, par l'Évangile ! Y pensez-vous, malheureux ! vous êtes Français.

— Eh bien ?

— C'est précisément aux Français qu'ils en veulent ; ils croient (plaignez leur folie) que vous allez
débarquer sur le sol de l'Angleterre.

— N'en croyez pas un mot, me souffla à l'oreille
le quaker ; c'est le docteur qui est fou et qui leur
met ces idées dans la tête ; eux sont, je vous jure,
d'honnêtes boutiquiers à qui on fait jouer un rôle

ridicule ; il n'y a de fous ici que ceux qui nous traitent.

— Imaginez-vous, continua le docteur sans prendre garde aux paroles du quaker, que ces insensés ont parfois des idées très-sages ; l'un d'eux a inventé un système de projectile en vérité fort ingénieux ; c'est un boulet cylindro-conique, explosible et chargé de parcelles d'or, de titres et de décorations, en sorte que l'ennemi ira au-devant des éclats au lieu de chercher à les éviter. Que pensez-vous de cette invention ?

— Qu'elle est grossière et réussirait tout au plus contre des Hurons ; mais contre des Français ! Ah ! monsieur, vous vous méprenez étrangement sur l'esprit de notre nation ; il faut que l'auteur d'une aussi méprisable invention fasse bien fi de l'espèce humaine, et juge la conscience des autres d'après la sienne.

— Comme vous prenez feu ! oubliez-vous donc que c'est un fou ?

— Défiez-vous, hasarda le quaker, en se rapprochant de moi.

— Et de quoi ? Il n'y a rien à craindre de pareilles gens.

Quand je me retournai, le docteur n'était plus là.

————————

, — D'où venez-vous donc? me dit le soir miss Sarah, vous avez l'air tout effaré.

— De Bedlam.

— Et avec qui êtes-vous allé là, grand Dieu?

— Avec le docteur Temple.

— Ah! ah! répliqua-t-elle en riant aux éclats, un fou!

— Peut-être, dit sentencieusement le colonel Mar Curth.

.   .   .   .

Je n'ai jamais su quel était ce mystérieux docteur qui m'avait tout d'abord séduit par ses allures franches. mais depuis on m'a dit qu'à Londres plus que partout ailleurs, il ne fallait pas se fier aux apparences.

.

XVIII

Quand j'entrai, on servait le thé.

Ce moment est celui où la société anglaise se déboutonne le plus volontiers (ce verbe pris dans l'acception la plus figurée); on parle alors de la politique, de l'amour, de la diplomatie et du mariage, les deux hommes les plus à la mode pendant mon séjour à Londres étaient MM. Ratazzi et Blondin : les deux sujets les plus souvent traités étaient l'union des cœurs et la désunion des Amériques. Sur la dernière de ces questions les hommes se divisent en négrophobes et en négrophiles ; sur l'autre, les femmes sont unanimes.

Entendre des jeunes filles traiter ce thème délicat de la philanthropie sera toujours un grand sujet d'étonnement pour mes compatriotes, qui oublient qu'à Londres chacun tient pour certain qu'on n'est jamais mieux servi que par soi-même et qu'il vaut mieux faire ses propres affaires que d'en charger les autres. Je ne veux pas faire ici un *Essai sur l'éducation des filles* ; tout le monde a lu les œuvres de Dickens et de Tackeray, où les jeunes miss jouent les premiers rôles, et chacun sait que, dans notre comédie, elles font le plus ordinairement les personnages muets. Plus d'un homme marié, en France, a peut-être tardivement constaté la supériorité du roman anglais sur le roman français ; peut-être aussi cette supériorité n'est-elle pas aussi réelle qu'on se plaît à le dire de l'autre côté de la Manche ; car si l'on en croit les aventures d'Antoine Hamilton.....

— Avez-vous lu, madame, les *Mémoires d'Hamilton* ?

Nous en étions précisément, ce soir-là, au chapitre iv du livre V. Mistress Barton s'était levée et me demandait si je voulais beaucoup de sucre, quand tout à coup le colonel Mac Curth s'écria d'une voix de tonnerre :

— Enfin, qu'aimez-vous mieux, jeune homme? le Nord ou le Sud ?

— J'aime mieux le coton, répondit humblement M. Samuel Clarkson.

— Alors, vous ne croyez pas à l'émancipation des noirs.

— Je n'ai pas positivement dit cela.

— Vous ne cro-yez pas à l'é-man-ci-pa-tion, ré-péta le colonel en appuyant sur chaque syllabe.

—

— Sir Arthur Lassell! hurla un domestique en poussant les deux battants de la porte.

— Ah! vous arrivez bien, sir Arthur, dit le colonel; voici M. Clarkson (a-t-on l'idée de cela!) qui nie les progrès de la race noire.

Sir Arthur fit ses salutations, absorba deux tasses de thé, trois sandwichs et six petits pains, releva ses lunettes sur son front, et, regardant attentivement M. Samuel Clarkson, s'exprima en ces termes:

— Vous doutez, monsieur, des progrès des gens de couleur dans la voie de la civilisation, et vous avez tort. Écoutez bien ce que je vais vous dire. Il y a trente ans, mon oncle, John Davis fit un voyage à la Nouvelle Zélande dans le but d'y introduire la culture de la pomme de terre; deux de ses plus vieux amis, membres comme lui de la *Royal botanical society*, furent pris par les naturels et mangés.

— Horrible! dit mistress Barton.

— Il y a vingt ans, continua sir Arthur, j'allai moi-même dans ce pays comme midshipman sur la frégate de Sa Majesté, *la Caledonia*; on m'apprit que mon oncle avait réussi à acclimater la pomme de terre, dont les naturels se montraient très-friands,

mais que, peu de jours avant mon arrivée, il avait
été saisi par quelques voisins, et rôti.

— Épouvantable ! murmura mistress Barton.

— Il avait été servi sur la table d'un haut personnage, mais farci de pommes de terre, ce qui était
déjà un progrès. Aujourd'hui, monsieur, vous
offririez à ces mêmes naturels le gaillard le plus
succulent, ils n'en voudraient pas ; ils ne vivent
plus que de farineux : nierez-vous le progrès maintenant ? D'ici à peu de temps, nous pourrons donner
à ces hommes un roi constitutionnel et deux chambres.

— Quand l'édifice sera achevé, dis-je en souriant.

— Non pas, mais pour l'élever, répliqua sir
Lassell en me lançant un regard oblique ; vous autres
Continentaux, professez de singulières idées sur la
liberté. Quand vous arrivez dans un pays étranger,
vous construisez un fort et vous nommez une com-
mission militaire ; nous, nous élevons une maison-
école et nous instituons un conseil municipal ; chacun son système.

C'est le bon, mais l'Inde, mais..... A l'instant où
je me disposais à écraser mon adversaire, mistress
Barton fut prise d'une violente attaque de nerfs.

On lui frotta les tempes avec du gingerbeer, et
M. Samuel Clarkson saisit un couteau pour couper
les attaches de son corset.

— Que voulez-vous faire? lui dit sévèrement le colonel.

— Je croyais, répondit M. Clarkson en balbutiant, que l'émancipation des...

— Vous croyez mal, jeune homme.

— Ah! soupira mistress Barton en revenant à elle, il a dû bien souffrir, sir Arthur!

— Qui cela, madame?

— Votre oncle John Davis.

—Étrange, étrange! murmurait le professeur Bob, qui n'avait pas encore ouvert la bouche, ces affections nerveuses sont en vérité occasionnées par une cause souvent futile, non-seulement dans la série animale, mais encore dans la série végétale. La position centrale de la moelle, qui projette dans toutes les parties de la plante ses rayons médullaires ; certains phénomènes, tels que l'effort gyratoire d'un hedysarum, l'irritabilité des sensitives sont de réelles affections nerveuses.

XIX

Ce que ne savait pas le professeur Bob, qui est cependant un savant professeur et ce que lui apprit sir Lassell, c'est qu'il y a réellement entre la série végétale et la série animale une affinité très-grande.

— Je vais, dit-il, à ce sujet, vous conter une étrange histoire.

— Pour Dieu, dit mistress Barton, s'il n'est question que des abstractions pures de l'âme, parlez, mais si...

— Rassurez-vous, madame. — Il y avait donc, dans la petite ville de...

— Ma nièce est très-impressionnable, sir Arthur, interrompit le colonel, et nous voici au mois de mai.

— Que voulez-vous dire, Mac Curth, s'écria le professeur Bob, car en vérité, ce soir, vous êtes incompréhensible.

— Je veux dire que l'augure engagea César à se

défier des ides de mars, et qu'il faut aussi prendre garde au mois de mai, quand on s'adresse à l'imagination romanesque des femmes ; vous n'ignorez pas, je pense, que les effluves...

Le colonel allait entrer dans de longs détails, mais le professeur Bob lui affirma que la lecture des romans n'avait pas une influence aussi grande que se plaisaient à le penser les romanciers, et que pour lui, il se contentait d'interdire le chocolat et les épices à ses malades, depuis les Gémeaux jusqu'au Cancer.

— Il y avait donc, reprit sir Arthur, dans la petite ville de Massa...

— Massa ! fit le colonel, ville illustre dans les anciens âges ; sur ce promontoire se tenait une académie de femmes, non moins célèbre par l'éloquence de ses académiciens que par la corruption de leurs mœurs : de là la fable des Syrènes. En 1850, j'assistai, à Massa, aux fêtes du 15 août, et je reconnus dans ces réjouissances les *feriæ sativæ* des Latins, empruntées elles-mêmes aux Grecs, ce qui fit dire au brigadier Bing, mon compagnon, que les noms seuls changent, mais que les cérémonies religieuses sont les mêmes chez tous les peuples.

— Colonel, veuillez, je vous prie, ne pas m'interrompre, dit sir Arthur Lassell impatienté.

— Vous êtes bien tous les mêmes; le pauvre voyageur mène une vie aventureuse ; il se voue aux chances malheureuses de l'état nomade, livre son corps aux insectes et son cerveau aux rayons ardents du soleil et pourquoi? pour faire des recherches dont on lui sait d'ordinaire peu de gré : mais pardon, mon cher hôte.

— Il y avait dans la petite ville de Massa une belle fille qu'on appelait Beppa et un beau garçon qu'on nommait Beppo.

Beppo aimait Beppa, et Beppa aimait Beppo.

— Tous les romans commencent ainsi.

— C'étaient les deux seuls êtres qu'on entendit chanter dans cette ville ; les autres étaient silencieux et dormaient comme des marmottes quand ils avaient causé à mi-voix de leurs affaires.

Le père de Beppa, qui était marchand, dit un jour à sa fille : Si j'entends encore chanter Beppo sous tes fenêtres, je te mets au couvent de Torca.

— Pardon, sir Arthur, mais ce nom de Torca vient corroborer ce que je disais tout-à-l'heure. Torca n'est autre que l'ancienne *Theorica*, nom qui dérive sans nul doute de la théorie annuelle qui s'y faisait en l'honneur d'Apollon.

Avant l'ère chrétienne, une procession partait tous les ans de Surrentum et se rendait au Temple d'Apollon pour célébrer la fête du *Lectis teminum.*

Aujourd'hui, une procession va annuellement de San Barcolo à Sorrento, aux églises qui ont remplacé les temples détruits. Ainsi, les images des divinités païennes ont fait place aux différentes images de la Vierge et des saints.

— Et le Catholicisme est toujours le Polythéisme, ajouta M. Clarkson.

— Bien dit, jeune homme. Continuez, sir Arthur.

— Et comment voulez-vous, répondit Beppa à son père, que j'empêche ce garçon de chanter? — En ne chantant pas; un amoureux ne chante jamais dans le désert; si aucune voix ne répond à la sienne, il se tait. — Qui vous dit que cette voix soit la mienne? — La plaisante réponse! on n'entend que les deux vôtres; ceux de Massa ne perdent pas leur temps à ces niaiseries; ils travaillent, calculent et font des affaires. Que Beppo fasse ainsi, et s'il réussit, eh bien! nous verrons.

Mon cher Beppo, dit le soir Beppa à son amant, il faut travailler et ne plus chanter, mon père le veut ainsi. — Santa Maria, je gagne de quoi nous faire vivre tous les deux, n'est-ce pas assez; quand les *bambini* viendront, on se donnera un peu plus de peine et on chantera un peu plus fort pour avoir le cœur à l'ouvrage.

Birbone, s'écria le père en sortant de sa boutique, que je te rencontre encore ici et je te brise les reins.

Beppo se retira en fredonnant, et le lendemain il s'en alla dans sa montagne faisant pour Beppa un bouquet des plus belles fleurs qu'il trouvait sur son chemin; mais un voisin avait entendu la veille ce qu'avait dit le père, ce voisin le communiqua à sa -voisine Retina, qui dans un moment d'émotion en fit part à son mari, lequel ne le cacha pas à la petite Anzio, qui n'avait pas de secret pour le vicaire de San Carlo, en sorte qu'en moins de rien toute la ville le sut, et que Giuseppe, qui aimait aussi Beppa, se mit à la recherche de Beppo. — Eh! maître barcarol, cria-t-il à Beppo, qui revenait de la montagne, ses fleurs à la main, revenais-tu de Capri le jour où tu as jeté les yeux sur la petite Beppa?—Oui, seigneur buveur d'eau, je venais de vendanger. — N'y retourne pas alors, car je mettrais ta barrique en perce. — Pas avant que je n'aie crevé ta panse vide........

De métaphore en métaphore on en vint aux couteaux, et le pauvre Beppo tomba baigné dans son sang.

Giuseppe ramassa le bouquet teint de sang et le fit remettre à Beppa.

A cette vue, la pauvre jeune fille tomba malade, et se coucha. De son lit elle jetait les yeux sur les fleurs, placées dans un vase sur sa cheminée.

— Donnez-moi cette anémone, dit-elle au docteur le troisième jour, je veux la placer sur mon sein.

Le docteur prit la fleur, mais il la sentit palpiter sous ses doigts; les étamines vibraient comme prises d'une sorte de tremblement, puis les pétales retombèrent inertes.

Quand il s'approcha du lit, Beppa venait de rendre le dernier soupir; elle était morte, et la fleur s'inclinait sur sa tige.

.   .   .   .

— Étrange histoire, fit mistress Barton.

— Coïncidence, rêvasserie, ineptie, spiritisme, ricana le colonel Mac Curth. Cette histoire, comme toutes ses semblables, est niaise et malfaisante. Doit-on s'étonner de voir durer la superstition, quand on donne une semblable nourriture à notre pauvre imagination, avide du surnaturel? Une bonne vérité toute crue vaut cent fois ces ragoûts malsains.

Mistress Barton soupira, M. Samuel Clarkson soupira. Mistress Barton regarda M. Samuel Clarkson, M. Samuel Clarkson regarda mistress Barton.

Le colonel Mac Curth avait raison, et le profes-

seur Bob fut forcé d'en convenir. A Londres comme
ailleurs il faut se défier des ides de mai, et. . .

. . . .

Je reprends, madame, la suite de mon voyage,
cette digression est la dernière; convenez qu'elle
est excusable; les influences du climat ne sont pas
en effet, chose indifférente; mais il est inutile de
parler de cela ici.

XX

Le théâtre anglais ! ! ! ! . . . .
. . . .
. . . .
. . . .!!!!!!!!!!!!

Et cependant ils ont eu le géant Shakspeare.
Aujourd'hui ils copient nos drames lugubres et ils
singent nos parades de tréteaux.

Ils sont les plagiaires du théâtre français.

Des mots ! des mots ! des mots !......

Les comédiens ne leur manquent pas pour in-
terpréter ces inepties. Des comédiens ! il y en a
partout.

ROSENCRANTZ.

Monseigneur, nous avons rencontré les comédiens ; ils viennent ici vous offrir leurs services.

HAMLET.

Qu'ils soient les bienvenus.

ROSENCRANTZ.

Ils ont eu à la ville un grand succès.

HAMLET.

Cela n'est pas fort étonnant; mon oncle n'est-il pas devenu roi de Danemark? Et ceux qui du vivant de mon père lui auraient fait la moue, donnent maintenant vingt, quarante, cinquante ducats pour avoir son portrait en miniature. Par la sambleu! il y a là quelque chose.

.   .   .   .

POLONIUS.

Ce sont les meilleurs acteurs du monde, monseigneur, tant pour la tragédie que pour la comédie, la pastorale historique, la pastorale comique, la tragi-comédie, les drames avec unité et les poëmes sans règles. Sénèque n'a rien de trop triste, Plaute n'a rien de trop léger pour eux; pour le genre régulier comme pour le genre libre, ils n'ont pas leurs pareils.

HAMLET.

O Jephté, juge d'Israël!

———————

Ce que j'estime dans le théâtre anglais, c'est qu'il est libre.

———————

Les Italiens ont un grand succès à Londres. *E viva Garibaldi! E viva la Patti! la Patti for ever!*

On a prétendu à tort que les Anglais ne sont pas musiciens; il n'est pas au contraire un sujet de

S. M. Britannique qui ne siffle volontiers le *Lilli-bullero* après boire, et j'en ai entendu plusieurs qui étaient bien les plus habiles siffleurs du monde.

L'avocat Westoby, entre autres, nous fit un soir passer un moment fort agréable, en sifflant la symphonie pastorale de Beethoven, pendant que son ami Marten Call frappait harmonieusement la pelle avec les pincettes.

— Cela est charmant, s'écria M. Samuel Clarkson enthousiasmé, mais je préfère de beaucoup l'accompagnement de la poêle, c'est plus mâle.

Cet avocat Westoby est, madame, un homme fort original, *excentric man.*

— Je n'ai jamais compris, me disait-il, comment les Français peuvent chanter à jeun ; l'humanité vue d'un estomac vide est en vérité fort laide ; le vin seul fait germer et éclore la semence poétique qui est en notre âme, et je suis de l'avis de ce philosophe à qui un de ses disciples se plaignait de ne plus trouver sa femme jolie : « Mettez moins d'eau dans votre vin, et vous la trouverez encore très-agréable. »

Je n'apprécie nullement dès le matin la meilleure musique, et si je chante quelquefois, ce n'est que dans un but hygiénique, pour faciliter l'expectoration.

Il en est ainsi chez nous, lui répondis-je ; seulement vous n'avez que le *Lillibullero* qui sert à tous les usages, tandis que la France est riche en compositeurs, et que les uns s'administrent en guise d'émétique, les autres remplacent le *glauber*, etc., etc.

———

Un soir, en vous quittant à la sortie de Covent-Garden, miss Sarah, je fus accosté par la basse chantante.

— Bonjour, bon abi, me dit-il, cobent bous portez-bous.

— Tiens! vous êtes enrhumé du cerveau.

— Non, mais ce public..... Ah! triste, bon abi. Et..... il éternua.

Je ne saurais vous dire, miss Sarah, combien le coryza de ce pauvre homme me fit peine.

Vous souvient-il de ce concert que nous entendîmes dans une rue de Gênes?

Ils étaient trois, trois enfants, à peine vêtus, et ils chantaient des fragments du *Roméo* de Zingarelli; avec quelle âme le tenorino disait :

> Nel fortunato Eliso
> Avrà contento il cor.

Votre émotion fut telle que votre bras se serra instinctivement contre le mien, car c'est là une des

puissances de l'harmonie de rapprocher les âmes
sans souci de l'épiderme.

Comment se fait-il donc qu'hier, malgré la splendeur de la mise en scène, vous soyez restée insen-
sible à ces mêmes sons?

C'est qu'à Gênes l'accent vibrait étrangement
dans l'atmosphère, et qu'à Londres les voix restaient
sans écho. C'est qu'on ne transplante pas impuné-
ment les palmiers dans les serres chaudes et qu'il
leur faut encore l'air qui fait vivre. Voilà pourquoi,
miss Sarah, devant ce public froidement aligné
comme les rues du Paris moderne, immobile et
muet comme la loi anglaise, mon ami, la basse
chantante, s'était enrhumé.

. . . .

Et cependant le peuple anglais est musicien.

Tantarra, ra, tan, tiri, tirili, tirili. — Allez, fifres
et tambours, c'est la garde qui monte au parc de
Saint-James. O gaieté homérique !

. . . .

Mais ni la garde dans Saint-James, ni la Patti
dans *la Lucia* , ni M. Fechter dans *Macbeth*, ni
Kean II dans Othello, ni M. Dion Boucicault dans
Colleen Bawn, ni milord Temple Palmerston à la
chambre des Communes, ne valent le clown Kinkett
à Canterbury Hall, le clown Kinkett imitant le
son du tambour en frappant la peau de son ventre.

XXI

C'est qu'à vous dire vrai, miss, j'éprouve un dégoût et une répugnance invincibles pour l'affectation de la gravité, et je hais cordialement cette enveloppe *sérieuse* qui sert de manteau à l'ignorance et à la sottise.

Qu'on décore ces hommes du nom qu'on voudra, ils me rappelleront toujours le clown Kinkett frappant la peau de son ventre creux.

« La gravité est une fieffée coquine et de la plus dangereuse espèce, » disait Yorick.

« Crois-moi, mon ami, lui répliquait le sage Eugène, ne plaisante pas ces personnages importants, qui tôt ou tard te jetteront dans des embarras et des difficultés dont ensuite tout l'esprit du monde ne pourra te dépêtrer. Toutes les fois qu'ils se ligueront pour se défendre mutuellement, compte qu'ils te feront la guerre de manière à t'en dégoûter profondément. La vengeance, de quelque coin

empoisonné, lancera sur toi une histoire déshono-
rante que ne réfutera ni innocence de cœur ni intégrité de conduite.

« La fortune de ta maison chancellera, — ta
bonne réputation, qui t'a ouvert la route jusqu'à
elle, saignera de ses deux flancs, — ta bonne foi
sera mise en question, — tes œuvres seront calom-
niées, — ton esprit oublié, — ton savoir foulé aux
pieds. »

Le sage Eugène parlait d'or; mais bast! ne vaut-
il pas mieux siffler le *Lillibullero* et rire; ne vaut-il
pas mieux approfondir la science des docteurs Gall
et Spuzenheim et se plonger dans des études utiles
à l'humanité, bien que l'humanité vous en sache
peu de gré.

On a déjà pétri bien des fois notre mélange
de chair et de sang, on l'a étudié au microscope,
avec des instruments perfectionnés, et on y a découvert des choses merveilleuses; mais ce qui a échappé
et ce qui échappe à l'analyse, ce sont toutes les
inepties qui remplissent les cavités intérieures et
qui font *sérieusement* résonner le ventre du clown
Kinkett.

Le poëte Saadi raconte qu'après qu'Allah eut
formé Adam du limon de la terre, Azazel lui frappa
sur la poitrine et, s'apercevant qu'il était creux :
« Cette créature vide, dit-il, sera exposée à se rem-

plir ; la sottise a bien des voies pour pénétrer en elle. »

Il faut donc chasser les gaz, et le monde sera sauvé, mais ces gaz ont tué bien des chercheurs hardis. Quel sera le Davy qui trouvera une lampe à l'abri de leurs émanations délétères ?

XXII

La campagne des environs de Londres est couverte et recouverte d'une quantité incroyable de maisons de plaisance.

Les châteaux, ou du moins ce qu'on se plaît à dénommer ainsi, sont en grand nombre et fort vantés ; malgré cela ils ne me plaisent pas, et je trouve cette manie des ordres grecs dont sont possédés les Anglais fort regrettable ; leur architecture rustique, comme celle de la ville, a substitué, à force d'analyse et de raisonnements peu judicieux, une froide justesse et une symétrie puérile à la simplicité et à la naïve expression de l'antique.

La mise en scène est en outre mal appropriée au monument, car les peuples du Nord ne comprennent pas que le beau naît de l'harmonie et que le contraste violent n'est admissible que dans le détail alors que l'ensemble a satisfait l'œil.

Mais pourquoi discuter? pourquoi dire que la moindre cabane bien placée est préférable au plus merveilleux temple sottement construit?

Tout ce qui est du ressort de l'art n'est guère du goût saxon, et comme il ne faut pas faire plus de cas de ces productions que raisonnablement on en doit faire, je dirai tout simplement qu'elles font tache pour la plupart sur la végétation, qui est là énergique et belle.

Bon nombre de ces castels gothico-corinthiens ressemblent à de grosses théières, et la vie qu'on y mène n'est pas sans rapport avec les fades tartines de beurre qui accompagnent le thé de la famille.

Je ne sais si vous êtes de cet avis, madame, mais quand je lis un roman anglais, et ces romans sont un fidèle miroir des mœurs, quand je parcours ces longues épopées bourgeoises et qu'au début de chaque chapitre je vois revenir la bouilloire traditionnelle, je donnerais cinq francs de plus pour la voir sauter une fois en passant et jouir de l'étonnement de l'honorable assemblée à cette explosion.

Qu'en penses-tu, honnête Luath, toi qui as grandi, as aimé et mourras vraisemblablement sans casser le verre de ta montre!

. . . .

La bouilloire anglaise saute quelquefois, il est vrai, mais d'une façon malpropre.

C'est un des héros qui se brûle la cervelle. — Oui, certes.

M. Samuel Clarkson m'emmena hier à Chiswich, et là, il coupa, dans la villa Bretford, un fragment de la petite croix de bois qui recouvre la tombe de Meg l'Irlandaise.

— Tam Duncan, me dit-il en sortant, était fiancé à Meg, mais Tam est une tête folle et il a enlevé la blonde Paddy; Meg a pleuré, Meg est entrée au couvent, Meg a oublié Tam, et Meg est morte sans prononcer le nom de l'infidèle.

Depuis ce jour, cet esprit rare et charmant s'est lassé de tout, même de l'espérance, et, par une de ces soirées sombres de l'hiver, on le trouvera pendu à l'heure morose où les Anglais se pendent.

Voici sa dernière lettre :

« Capri, 10 septembre 1862.

« La nature est ici très-belle, mon ami;— la cuisine est passable, j'ai sur ma tête le plus beau ciel du monde; autour de moi mes meilleurs amis, et cependant je succombe à une apathie invincible. La fatigue du cœur me brise le corps. Je suis resté hier tout le jour assis au bord de la mer, considérant son portrait. Il faisait chaud, j'avais boxé le matin pendant deux heures avec John et cependant j'avais froid. Trim fumait en prédisant l'avenir, moi je cherchais à me rejeter dans le passé.....

« Ce portrait a été peint par une de ses compagnes, au couvent ; le front est calme, le visage impassible ; cette femme n'était, dès ce moment, déjà plus-de ce monde. Ses yeux dardent en dedans vers l'éternité ; en vain on interroge ce regard vide.

« L'amour est décidément une lanterne ; soufflez-la, l'œil s'éteint.

« Je viens de voir passer une paysanne robuste, chargée de deux enfants ; ses joues étaient flétries, son front dévasté, ses orbites creusées par la souffrance, mais il y avait dans ces ruines une beauté noble..... Elle a vécu, celle-là !

« J'ai pensé ce soir à me tuer, mais je n'ai trouvé ici que des armes de pacotille ; ayez donc la complaisance de m'envoyer un revolver de Colt ou une paire de pistolets de Manton.

« N'oubliez pas, mon ami, de couper un fragment de la petite croix de bois qui recouvre la tombe de Meg l'Irlandaise.

« A propos, si vous connaissiez un bon domestique, adressez-le moi : John devient impossible.

« A vous,

« TAM. »

•   •   •   •   •   •   •   •   •   •   •   •   •   •   •

— Euh ! euh ! fit le colonel, je vous l'ai déjà dit, Samuel, je déteste ces animaux mélancoliques qui tombent dans la puérilité et le découragement, parce que leur orgueil a été blessé.

N'y a-t-il donc rien à faire en ce monde autre que des élégies?

Mieux vaudrait que ces rêveurs stériles se pendissent tous ; leur carcasse servirait du moins à fumer la terre, et le monde ne serait plus empoisonné de leurs rêvasseries.

————

Si rien n'est plus froid que ces froides villas des environs de Londres, en revanche on ne peut rien voir de mieux tourné que le palais de Sydenham ; cet édifice fait grand honneur à l'architecte Paxton, et c'est une heureuse idée d'avoir réuni dans un si petit espace toutes les merveilles des anciennes civilisations.

Les marchands de cannelle qui s'y viennent promener sont tellement honteux de leur faiblesse en face de ces belles choses, qu'ils en ont la pituite et absorbent une grande quantité de bière. Un peu d'ale fait grand bien, a dit Gavarni, mais ce qui fait plus de bien à nos estomacs de poëtes, c'est le parfum antique que dégagent l'Atrium pompéien, la salle de Beni-Hassan et les coupoles de l'Alhambra.

> Morts et vivants, il est encore pour nous unir
> Un commerce d'amour et de doux souvenir.

Le fait est que si nous ne sommes plus des païens, les vieux dieux de la Grèce nous émeuvent encore singulièrement, et il est impossible de contempler les splendeurs de la nature sans penser à eux.

J'ignore si, comme le prétend Heine, le grand Jupiter s'est réfugié dans l'île des Lapins et mène là une existence monotone, mais il doit sentir de temps en temps quelques bouffées d'encens lui monter encore aux narines.

Saint Grégoire de Nazianze, le plus grand poëte descriptif de la chrétienté, le comprenait sans doute ainsi, car il est souvent fort embarrassé pour parler convenablement des grands spectacles de la nature sans les résumer en ces courtes et admirables formules de l'antiquité.

Il sacrifie encore à Cérès et à Pomone. Comment remplacer, en effet, ces légendes homériques. Faut-il louer seulement le Créateur et fermer les yeux sur les splendeurs de la création?

Il est vrai que, sur les bords de la Tamise, la verve inventive ne doit pas se mettre en frais d'images flamboyantes, car la nuit est sur toute cette nature étendue comme une robe livide et les comparaisons les plus humbles sont les meilleures.

Ainsi, le soir où nous revînmes de Sydenham, le soleil se détachait sur les bandes noires des nuages comme une tranche de roastbeef cru sur le gril.

Les bêtes avaient cessé de paître et regardaient d'un œil oblique ce spectacle lugubre, triste présage d'une mort prochaine. Les légumes inclinaient la tête sur leurs tiges. — Le deuil était partout.

Quand le roastbeef fut cuit, nous descendîmes lentement le sentier pierreux qui mène à la station du chemin de fer, et M. Samuel Clarkson s'écria :

— Ce coucher de soleil était en vérité un merveilleux tableau !

XXIII

Lorsque Henri VIII eut supprimé les couvents, un grand nombre de mendiants qui vivaient des catholiques aumônes se trouvèrent sans ressources. Élisabeth rendit alors un statut qui mit l'entretien des pauvres à la charge des paroisses et confia ce soin à des inspecteurs.

« Les inspecteurs, dit le statut, prendront les mesures nécessaires de concert avec les juges de paix, pour faire travailler tous les enfants que leurs parents ne sont pas en état d'élever, ainsi que toutes les personnes, mariées ou non, qui n'ont ni fortune ni gagne-pain. Ils lèveront par semaine, ou autrement, une taxe sur les habitants et propriétaires des terres de la paroisse, suffisante pour se procurer le lin, le chanvre, la laine, le fil, le fer et autres articles de manufacture nécessaires pour donner aux pauvres de l'ouvrage. »

Cet édit a-t-il eu pour résultat d'anéantir le paupérisme que les couvents entretenaient? Non. Il a, au contraire, empiré le sort de ceux qui ne voulaient pas se faire assister et a créé une plus grande quantité de pauvres.

Les mendiants de profession se marièrent et firent le plus d'enfants qu'ils purent, afin d'augmenter leurs revenus. Dans *les workhouse*, maisons de refuge, la paresse engendra la prostitution et la démoralisation ; la taxe atteignit chaque année un chiffre plus grand, et le député Watmann signala, le 15 octobre 1830, à la chambre des Communes, cinquante familles de la cité qui avaient été obligées de vendre leur mobilier pour acquitter la taxe.

La loi de 1834 (Poor law-amendement act) abolit la loi primitive, supprima la distribution à domicile, ne laissa subsister que le *workhouse* et donna la direction des affaires du paupérisme à un conseil élu par les contribuables (Board of guardians).

Depuis ce temps, les pauvres n'en sont pas mieux, et les seuls bénéfices qu'on ait retiré de ces établissements sont·la propagation de l'instruction et l'encouragement au travail.

Mais le défaut persistant est l'organisation, la réglementation indispensable à ces établissements, et il ne faut pas s'étonner si, à Londres, la moindre des sociétés de charité, la plus petite société de tempérance, font plus que cette centralisation du *Board of guardians.*

La liberté est, en cela comme en tout, le seul remède à tous les maux, car le secours mutuel librement donné, librement reçu, est la plus noble des aumônes, celle qui élève au lieu d'abaisser.

J'étais plongé dans ces graves réflexions au sortir du workhouse de Newgate, quand je pris le *penny steamboat* qui stationne au pont de Londres.

XXIV

Une brume épaisse couvrait le fleuve; dans l'eau noire la machine clapotait lourdement...... J'étais seul sur le pont avec M. Grincheux.

Cheer up! nous allions à Teddington assister à la lutte des deux fiers champions, Tom Bakers et David Neal.

— Ainsi donc, maître, lui dis-je, vous croyez le coup de poing anglais supérieur au coup de pied français?

— Oh! la boxe anglaise! pour un joli jeu, monsieur, c'est un joli jeu, me répondit-il, simple et complet; vous avez dans vos deux mains l'attaque et la défense, tandis que notre coup de pied, vif à la riposte, est très-faible à la parade. Je suppose que nous fassions de la boxe française :

— Dites savate, monsieur Grincheux, c'est entre nous.

— Nous faisons donc de la savate : vous prenez,

par exemple, votre aplomb sur la jambe gauche.....
une... deux..... en deux temps et un mouvement,
je vous envoie mon pied à la hauteur de l'œil.....
Vous voltez sur la jambe droite pour éviter le coup,
mais je fais une feinte; vous revenez alors sans défiance, et par une double volte je vous *tombe*. Vous
vous relevez; cela est incontestable, on ne meurt pas
d'un coup de pied, mais, en attendant, je peux vous
faire beaucoup de mal. Le boxeur anglais, au contraire, sûr de la parade, va au-devant du coup.

Eh bien! monsieur, malgré cette manœuvre supérieure du boxeur, je ne conseillerai jamais à mes
élèves d'abandonner complétement nos principes,
je les engagerai plutôt à se borner à quelques emprunts utiles.

M. Grincheux, pour mieux me convaincre, voulut
joindre la pantomime à la parole, mais, comme le
bateau touchait en ce moment la station de Richmond, il perdit l'équilibre et alla rouler sur un tas
de balles de coton.

— Ce n'est rien, dit-il en se relevant; si je m'étais
tenu sur le pied droit, cela ne me serait pas arrivé.

— Oh! *yes*, observa un vieil Anglais, mais il eût
encore mieux valu vous tenir sur les deux; vous
êtes ainsi toujours, vous autres Français, tantôt sur
un pied, tantôt sur l'autre.

Le petit village de Richmond est particulièrement cher à mes compatriotes ; c'est là que, le dimanche, ils fuient la ville méthodiste et viennent aspirer la liberté.

Ce lieu est, en effet, des plus charmants ; la Tamise s'y laisse aller nonchalante entre deux rives de verdure, et, de l'hôtel de la Jarretière, la vue s'étend variée jusqu'à Twickenham, pendant que, des cuisines de maître John Bird, le doux fumet de la friture vient réjouir l'odorat.

All right ! les canotiers de Richmond ont les bras vigoureux, et leurs gigs effleurent l'eau, semblables aux goëlands.

Je suis allé un soir ainsi jusqu'à l'écluse de Teddington, avec un de ceux que notre dernière révolution a jetés loin de leur pays.

Les étoiles scintillaient brillantes, et les chants retentissaient joyeux ; mais lui était triste, car rien ne vaut la patrie, ni les splendeurs du ciel, ni les merveilles de la nature, ni l'hospitalité généreuse de l'étranger.

. . . .

Quand j'étais à Smyrne, un aveugle venait chaque matin sous mon balcon et nasillait ce triste chant :

L'EXILÉ

« Tout est brisé en mon cœur et ma vie s'écoule

« amère sur ce rivage ; ils m'ont chassé, ceux qui
« supportent les injustices de l'oppresseur et qui le
« servent comme des esclaves. »

. . . .

« Tout est joie dans la nature, les hirondelles re-
« viennent et les tourterelles s'accouplent au bord
« des fontaines ; pour moi le printemps n'est plus ;
« aucun regard ne répond au mien, je suis seul.

. . . .

« Je frappe ma tête contre le sort, comme la
« mer frappe ce rivage, et je vois immobile passer
« les nuées qui s'en vont ;. nuées bien heureuses,
« quand vous irez dans ma patrie, saluez ces in-
« grats et dites-leur que tout est brisé en mon
« cœur, que ma vie s'écoule amère sur ce rivage. »

Et chaque matin ce chant me plongeait dans une
mélancolie profonde ; car, je le répète, rien ne vaut
la patrie, ni les splendeurs du ciel, ni les merveilles
de la nature, ni l'hospitalité généreuse de l'étranger.

———————

— Entrez, messieurs et mesdames, prenez vos
places. Trois schellings la chaise, la chaise d'honneur à trois schellings.

— *Good bee*, master Tyrrel ; la journée sera
bonne ; Tom est un vaillant.

Cinquante guinées pour David, ami Richard.

— J'accepte Votre Honneur. Allons, *boy*, range les siéges.

David Nel entra ; c'était un colosse au biceps large et au front étroit.

— Oh ! oh ! fit l'assistance.

— Vous allez voir Tom, me dit ma petite voisine Jeannie.

— Hourrah pour Tom Bakers ! cria Richard.

Le jeune homme venait de sauter dans l'enceinte ; il était charmant, petit, ramassé, bien cambré, les attaches minces, les veines saillantes comme chez le cheval de sang.

Les deux champions prirent place sur les genoux de leurs témoins.

Master Tyrrel donna le signal.

A la première passe, Tom fit sauter deux dents à son adversaire ; c'était horrible, et le sang coulait en abondance de ce visage démantelé, mais ma petite voisine Jeannie battait des mains.

— Un verre de gin, master Tyrrel.

A la seconde passe, le colosse David eut le nez écrasé, et un de ses yeux jaillit de l'orbite ; son pauvre visage n'avait plus forme humaine, et son œil pendait comme le plomb au bout du fil ; c'était affreux, mais ma petite voisine Jeannie criait : *Cheer up !* de toute son âme. Hourrah pour le gentil Tom !

— Un verre de gin, master Tyrrel !

A la troisième passe, on crut ce pauvre Tom perdu; David lui avait asséné un coup terrible sur l'occiput; il semblait qu'il dût rentrer dans la terre; il n'en fut rien: il se redressa et enfonça la poitrine de son ennemi avec sa tête; les os craquèrent sourdement; le géant tourna trois fois sur lui-même et s'affaissa!

— De l'eau! de l'eau! criait-on. C'était repoussant, mais ma petite voisine Jeannie était si contente.

Tom poussa le cri du coq, et se laissa aller épuisé sur une chaise.

— Encore un verre de gin, master Tyrrel.

— Cheer up! hip! hourrah!

.   .   .   .

Le spectacle de ces luttes est barbare, me dit le shérif, mais l'habitude d'exercer ainsi le corps est chose excellente.

La boxe, le *crikett*, les derbys, les chasses au renard, le pédestrianisme entretiennent et développent la vigueur musculaire de la race et combattent la grande maladie du siècle.

— Quelle maladie?

— Cette perpétuelle surexcitation du cerveau, qui, nous tenant penchés sur les livres, amincit nos muscles, irrite nos entrailles, dessèche notre sang et nous plonge dans l'impuissance et le dégoût.

Nous nous épuisons par l'extase, et quand le spectre livide de la maladie vient paralyser nos membres, l'amertume entre dans notre âme ; tous les biens, toutes les consolations que notre raison admet, notre instinct alors les repousse et nous mourons en nous écriant : J'ai perdu bien des peines et bien du temps à poursuivre des fantômes. — Non, non, ne criez pas à la barbarie, car le royaume de ce monde est à ceux qui digèrent bien.

— Et qui digèrent tout.

— Hélas !

Monsieur est servi, dit un domestique.

.   .   .   .

On passa dans la salle à manger.

XXV

Le repas fut gai; on but copieusement, et ma tête
était pleine de visions bleuâtres; le sherry est un
vin capiteux.

Quand nous eûmes porté les derniers toasts, le
vieux pasteur Prescott offrit son bras à mistress
Filding et nous sortîmes dans le parc.

— Chère mistress Filding, dit le pasteur, où en
est le mariage de votre nièce, miss Arabella?

— Ne m'en parlez pas, mon bon Prescott, ce
monsieur est parti et voilà plus de quinze jours que
nous n'avons eu de ses nouvelles; la malheureuse
enfant est au désespoir. Hélas! c'est notre sort à
nous, pauvres femmes; nous plaçons souvent nos
affections dans le cœur d'un ingrat, qui se fait un
jeu des sentiments les plus sacrés.

— Il n'y a pas là de quoi se désoler, chère mistress Filding; ce jeune homme reviendra, peut-être;
et puis, avait-il pris des engagements?

— Non, mais il paraissait fort épris : il dansait volontiers avec ma nièce et aimait à l'accompagner dans ses promenades à cheval.

— Raisonnons un peu, excellente mistress Filding, parce que ce jeune *boy* a le goût de la danse et qu'il aime le cheval, ce n'est point là positivement une raison pour qu'il épouse votre nièce. Moi-même, dans ma jeunesse, je dansais souvent avec la fille de mon professeur de théologie, et cependant je me suis marié avec une autre.

— Oh! les hommes! mon cher Prescott..... Les célibataires surtout..... c'est la plaie des sociétés.

— En Chine, dit Tchin-feu, le héros de la fête, nous avons fermé cette plaie; quand un homme atteint sa vingtième année, âge auquel tout honnête Chinois doit prendre femme selon la loi de Fu, le gouvernement le pourvoit d'une compagne, comme il l'a pourvu à sa naissance d'une nourrice et à sa dixième année d'un précepteur; aussi les Chinois sont-ils en général bien mariés, car l'État, qui s'entend à tout mieux que personne, assortit parfaitement les époux quant à la taille, au caractère et à la fortune, et l'on ne voit point, dans l'empire du Milieu, de ces unions disproportionnées, ni de ces célibataires sans aveu qui jettent le trouble dans les familles.

— Ah! soupira mistress Filding, voilà un État bien policé.

— Et voilà bien, dit le shérif, une parole de femme. Un État bien policé?... où les hommes sont mis au rang des animaux. Si la Chine convient aux Chinois, c'est certainement ce qu'il y a de plus heureux pour les Chinois, mais elle ne saurait me plaire, car je ne comprends pas un pays où il n'est permis ni de se marier ni de faire quoi que ce soit librement.

— Prenez-vous donc pour rien, répliqua Tchin-feu, la liberté de ne rien faire, qui est à mon sens la plus grande? Un Chinois peut naître, vivre et mourir sans avoir à s'inquiéter d'une foule de choses qui vous prennent ici la moitié de votre existence. L'État règle les affaires de la famille, les affaires de la commune, les affaires de la province; l'État construit les villes, donne le plan des maisons, fixe le prix du pain, prend les huîtres en sevrage, vend l'opium, et, pourvu que vous ne voliez ni n'assassiniez personne, que vous payiez régulièrement vos impôts, que vous n'écriviez ni ne parliez contre les lois, vous coulez des jours heureux dans une tranquillité parfaite.

— Convenez cependant...

— Que c'est quelquefois gênant; oui, mais je vous dis cela entre nous, bien bas, car si on le savait, on m'accuserait d'être un mauvais Chinois.

Puisque nous sommes sur ce chapitre, ajouta Tchin-feu, je vais vous faire une confidence qui vous prouvera que l'art de gouverner les hommes est la chose la plus simple du monde.

Il y a en Chine, comme partout, des gens qui réclament la liberté; eh bien, on emploie, à leur égard, un double moyen assez plaisant.

Quand l'un de ces incorrigibles réclame un droit quelconque, un mandarin se lève et dit : « O habitants du Céleste-Empire! on vous propose de vous faire jouir d'un droit semblable à celui dont jouissent vos ennemis implacables, les Anglais. Voulez-vous donc copier servilement les lois de ces marchands, vous, peuple de braves? »

Alors le sentiment patriotique se réveille; chacun s'écrie : Non, non! et la liberté est ajournée.

Si un autre jour, ce même mandarin, craignant l'influence de ces rêveurs, veut se faire bien venir de ses administrés, il leur dit : « Vous voudriez, mes amis, avoir le droit de remuer cette pierre, d'exploiter cette mine, d'élever ce bâtiment, de vous associer, de vous réunir, de parler comme nos admirables alliés; rien ne serait plus juste : mais, hélas! vous n'avez pas le même tempérament : faites en sorte de le corriger; mais en attendant, soyez bien gentils, et faites ponctuellement ce que petit papa mandarin vous dira. »

— Et, s'écria Tchin-feu en riant avec éclats, cela réussit toutes les fois.

— Oh! fit le shérif, vous faites là un vilain métier.

— L'odeur de l'opium ne vous incommode pas? me dit Tchin-feu quand nous montâmes le soir en wagon pour retourner à Londres.

— Nullement.

— O parfum délicieux! continua-t-il en bourrant son lulé, les médecins te condamnent, mais les philosophes te rendent grâce, car tu fais oublier.

— Avez-vous donc sujet d'être triste, lumière du fleuve Jaune? n'êtes-vous donc pas mandarin de première classe, et que manque-t-il à votre bonheur?

— Hélas! mon jeune ami, tout n'est pas rose dans notre métier ; il faut nous occuper sans cesse des affaires d'une foule de gens qui les feraient tout aussi bien eux-mêmes, et qui, au lieu de cela, passent leur temps à fumer leur pipe au soleil et à nous critiquer. En outre, notre position dépend du caprice d'un mandarin à bouton d'or.

— Ce sont cependant des places très-recherchées.

— Oui, à cause de la considération et des honneurs qui y sont attachés, et puis ensuite, parce qu'à vous parler franc, cela n'exige pas des facultés transcendantes, et qu'une foule de médiocrités trouvent ainsi toute faite dans le monde une position qu'elles n'auraient su se faire elles-mêmes.

— Je vous croyais cependant les plus lettrés de l'empire.

C'est un bruit qu'on répand pour inspirer la confiance à ceux qui doivent nous obéir; moi qui vous parle, je n'ai jamais lu *Confu-sché* ni *Mantchou* et j'ai pour voisin un pauvre diable de poëte, qui en sait, à cet égard, bien plus long que moi, et qui n'a pas le plus petit bouton de métal.

— Tandis que vous avez le bouton d'argent.

— Futilité, je vous jure, que je changerais bien contre le sort d'un honnête bourgeois, ayant cent arpents de riz dans une bonne contrée.

La douleur de Tchin-feu me parut si grande que je lui proposai de nous arrêter à la station de Chelsea, et d'aller à Cremorne, ce qui sans doute le distrairait.

———

Les jardins de Cremorne sont situés à une des extrémités de Londres; sur ce même emplacement était la maison de Thomas Morus, qui fut si misérablement assassiné par son ami Henri VIII. C'est là, dit-on, que le roi et le chancelier se promenaient, et que le premier enlaçait familièrement de son bras la tête qu'il avait déjà donné l'ordre de couper. Je ne sais si c'est ce souvenir qui répand la tristesse en ce lieu, et qui fait que ceux qui s'y promènent ne font pas volontiers commerce d'amitié, mais, en vérité, rien n'est plus lugubre.

— Soyez donc assez bon, me dit le mandarin, pour me montrer les célébrités politiques de l'Angleterre.

— Vous ne parlez pas sérieusement, je pense; l'aristocratie du West-End ne fréquente pas ces lieux de plaisir.

— Veuillez m'excuser, mais à Pékin les grands personnages ne dédaignent pas de se mêler à la foule joyeuse et même de prendre part à ses ébats.

Tchin-feu, qui, par sa mise élégante, n'avait pas l'air du premier Chinois venu, eut un grand succès auprès des reines du bal, et, après quelques instants d'entretien où il se montra suffisamment spirituel, nous prîmes une voiture et allâmes souper chez Evans.

XXVI

Je me pris d'une amitié telle pour cet excellent Chinois, que je parcourus de nouveau tout Londres avec lui; nous visitâmes ensemble la tour de Londres, le tunnel, Westminster, la brasserie Perkins, le chemin de fer souterrain et l'Université de Gower street; mais rien de tout cela ne l'étonna beaucoup; il trouva ces établissements bien au-dessous de ceux de Pékin; l'Université surtout le fit sourire de pitié.

— Ces gens-là, me dit-il en sortant, se fourrent dans la tête une foule de choses inutiles; ils ont des cours de législation commerciale, d'économie politique, de théologie, de beaux-arts, ils apprennent toutes les langues vivantes, tandis qu'il serait beaucoup plus simple d'avoir une seule classe où l'on enseignerait le sanscrit, qui est la source de toutes les sciences.

En revanche, le salon de cire de madame Tussaud l'intéressa très-vivement.

Cette exhibition est, en effet, des plus curieuses.

Dans la première salle, on montre les hommes qui ont jeté quelque lustre sur la première moitié de ce siècle; plus loin sont les personnages modernes.

— Les vivants! c'est là notre plus grande dépense, nous dit le cicerone; voyez-vous ce bonhomme-là,—et il frappait de sa baguette le torse de Voltaire,—c'est fait, il n'y a plus à y revenir; mais voici quantité de gens dont il faudra refondre une bonne partie; cela passe comme les lilas au printemps. Gloires éphémères! Celui-ci a déjà été coulé six fois dans des moules différents; aussi, entre nous, on n'y apporte pas un grand soin, et il n'y a que la tête qui soit en cire; le reste est un mannequin. Ah! fit-il en désignant les souverains rangés en cercle au milieu de la salle, voilà qui est établi; palpez-moi ça; tout d'une pièce, il y en a qui nous coûtent bon, allez, là dedans!

— Je vous crois, mais d'où vient qu'il y en a de si décolorés?

— C'est l'effet du temps; quelquefois cela dépend du jour sous lequel ils sont exposés, et puis..... si vous saviez comme on est volé aujourd'hui, les marchands vous fourrent un tas de drogues que c'est misère.

— Bah ! était-on mieux servi autrefois?

— On le dit, mais quel progrès dans le mécanisme ! Regardez-moi celui-là, il tourne les yeux à droite, à gauche, à l'aide d'une simple pression; on dirait que c'est naturel.

— Oh ! cela n'est pas nouveau.

— Certes! mais comme c'est perfectionné !

———

La pièce *capitale* du *Cabinet des horreurs*, où l'on pénètre pour six pence de plus, est (sans mauvais jeu de mots) une *guillotine avec ses accessoires* (sic). Rien n'y manque, en effet, depuis le panier destiné à recevoir la tête du supplicié jusqu'aux sceaux qui doivent laver les taches de sang ; mais cet instrument n'a rien d'horrible, il n'est que trivial, car *il n'a pas servi*.

A la tour de Londres, on montre un billot profondément entaillé; sur ce billot sont tombées trois têtes, et cette entaille évoque en vous les plus tristes souvenirs, tandis que l'appareil donné à madame Tussaud par M. Sanson (qui fait, paraît-il, des envois à l'étranger) n'est qu'une charpente muette.

A la muraille de ce cabinet sont chronologique-

ment accrochés les masques de tous les gredins connus depuis Caïn jusqu'à Dumolard. Admirable sujet
d'étude pour les phrénologistes ! Malheureusement
la collection n'est pas complète, il y a des lacunes.

La salle de Napoléon permit à notre cicerone, qui
était philosophe, d'émettre une demi-douzaine de
pensées profondes sur la grandeur et la décadence
des choses d'ici-bas, ce qui ravit d'aise Tchin-feu,
amateur des bonnes sentences, et ce qui lui coûta
un shelling de plus, car en Chine on sait récompen-
ser le vrai mérite.

En sortant, je proposai à Tchin-feu de visiter la
Galerie nationale.

— C'est inutile, me répondit le mandarin, je sais
de longue date que les Anglais n'entendent rien
aux arts.

— On vous a trompé, et je vous jure que la Galerie nationale renferme de fort belles toiles, et que
Constable, Turner.....

— Je ne connais pas ces noms, mais s'il y a un
bon tableau ici, il doit avoir été fait par un Chinois.
Vous m'accorderez que je suis impartial en ce qui
touche la Chine, mais sur la question d'art, la supériorité chinoise est incontestée ; songez donc que

nous avons une école qui, dans le monde entier, n'a pas son égale, et qui, grâce aux soins de maîtres excellents, produit, bon an, mal an, une demi-douzaine d'hommes de génie....

. . . .

Tout en causant, nous étions arrivés aux portes du *Times*. L'*administrateur* nous fit les honneurs du *Printing house* avec une obligeance parfaite.

— Ce que nous venons de voir, et surtout ce que nous venons d'entendre est surprenant, me dit Tchin-feu, quand nous fûmes sortis; cette liberté est merveilleuse et cette puissance admirable. La profession de journaliste est, au contraire, dans Pékin, un assez triste métier, et bien que parmi ces pauvres hommes de plume on trouve des gens d'un certain mérite, le moindre petit mandarin ne leur donnerait pas sa fille.

———

Ce jour fut le dernier que je passai avec Tchin-feu. Mon ami N..., qui était allé faire une excursion en Écosse, revint le lendemain, et, quelques jours après, nous partîmes pour la France. Au moment du départ, le mandarin coupa un bout de sa mèche à mon intention, en me faisant promettre d'aller le voir à Pékin.

— J'espère, lui dis-je, vous trouver alors débarrassé du fardeau des honneurs.

— Je ne sais, me répondit-il, car plus j'y réflé-
chis, plus je pense que le métier de mandarin a du
bon, et qu'il vaut peut-être mieux encore, comme
dit Medroso, avoir le malheur de rôtir son prochain
que celui d'être cuit soi-même.

XXVII

C'est un triste moment que celui d'un départ, et l'on sent là combien est grand l'attachement de ceux que l'on quitte.

Mon hôtesse avait le cœur navré quand elle vit Obadiah descendre ma malle, et elle donna un libre cours à sa douleur.

J'étais moi-même très-ému, et dans mon émotion je fis sur le payement de la note une erreur de six pence.

— Il manque six pence, dit en sanglotant l'hôtesse.

Les femmes ont dans les circonstances les plus tristes de la vie une bien plus grande présence d'esprit que nous !

Il manque six pence ! quel est celui de nous qui interromprait ses larmes pour une observation aussi futile ?

Eh bien ! c'est souvent dans un détail aussi mince

qu'on apprécie les bonnes qualités de la ménagère. On ne rend pas assez justice à ces solides vertus et à cet admirable sang-froid.

. Il manque six pence! O Grande-Bretagne!

.   .   .   .

De London-Bridge à Folkestone, N... m'entretint des merveilles du paysage écossais, ce qui nous fit oublier la monotonie de celui que nous avions sous les yeux.

A Folkestone, le chemin de fer déversa dans le bateau une nuée d'Anglais mâles et femelles, qui émigraient sur le continent, en sorte qu'il nous sembla n'avoir pas quitté Cheapside.

La mer était calme, ce qui est rare entre la France et l'Angleterre; mais la brume épaisse rendait le séjour du pont insupportable. Chacun se réfugia dans le salon, et bientôt toutes les mâchoires britanniques s'en prirent à un jambon d'York, qui s'étalait sur la table d'un air vraiment séduisant.

Et que faire en un *boat*, à moins que l'on ne *lunche?* Nous *lunchâmes* aussi.

Quand le jambon eut disparu, on causa. Un de mes compatriotes parla de Londres et n'en fit pas l'éloge.

— Pas de boulevards, disait-il; pas de rues droites, pas de quais.

— Nous avons eu l'intention de dégager les abords de la Tamise, dit l'homme rouge placé à côté de moi, mais un propriétaire s'est opposé à ce projet.

— Et l'expropriation forcée? reprit son interlocuteur.

— C'est un mot que nous ne connaissons pas; nous pensons que la société n'a pas le droit de dépouiller un seul de ses membres, même pour cause d'utilité publique.

— Voilà qui est plaisant.

— Cela vous étonne, et votre étonnement est loin de me surprendre. Je lis souvent dans vos journaux : Les Anglais ont la liberté civile, la liberté politique, la liberté individuelle; ils ont le droit de se réunir, de s'associer, de parler, d'imprimer, d'instruire sans l'autorisation, la protection ou l'intervention de leur gouvernement; eh bien! je crois que les Français seraient libres d'avoir toutes ces libertés qu'ils ne voudraient pas les garder.

— Pourquoi ?

— Parce que vous croyez l'expropriation chose juste et que vous avez admis par cela même en principe que, si la société peut demander à l'individu quelque chose de ses biens et de ses droits sous la garantie de la loi morale, elle est en droit de lui prendre la totalité ou la substance d'un de ces droits ou de ces biens : liberté, vie ou fortune, si son salut en dépend; or ce mot salut est très-élastique, comme vous le prouve l'histoire romaine, et justifie toujours cet autre mot : expropriation.

— Permettez-moi cependant de vous dire que la loi sur l'expropriation, qui sacrifie quelques inté-rêts mesquins au bien de tous, est une loi démocra-tique.

— Pas plus démocratique que toutes celles qui rompent l'équilibre entre les gouvernants et les gouvernés. Tenez, à ce propos, ce qui me frappe le plus dans vos institutions, c'est que les lois votées par des hommes libres pourraient être préjudiciables à la liberté, si par hasard, ce que je ne vous souhaite pas, ceux qui sont à la tête de votre société voulaient en faire abus ; aussi, ayant négligé de maintenir les deux plateaux de la balance sur un même niveau, la question de gouvernement est chez vous une question de personne, tandis qu'ici ce détail nous préoccupe peu et que notre constitution maintenant le fléau dans un équilibre parfait, il nous est indifférent d'avoir à la tête de notre société Pierre ou Paul ; la loi non-seulement protége tout le monde, mais défend chacun contre ses propres excès. La volonté d'un seul est tout autant respectée que le vœu de plusieurs. Nous en sommes quittes pour un quai de moins et pour un chemin de fer souterrain de plus.

—Tout cela est possible ; mais je crois, comme dit

Mardoche, *que nous n'avons pas le crâne fait de même*, et que vous avez une patience innée qui s'accommode de choses que nous ne pourrions supporter.

— Oui ; un de vos écrivains a dit dernièrement que la race anglo-saxonne n'avait rien de commun avec la vôtre, *et voilà*, concluait-il, *pourquoi votre fille est muette*. Cet argument n'est pas sérieux ; je pense plutôt que vous avez des mauvaises habitudes, et que. . . . .

— Vos billets, messieurs ! s'écria une voix interrompant tout à coup la conversation ; passez par ici, madame ; vous n'avez rien de sujet aux droits? Circulez, circulez ; n'interrompez pas la sortie.

Nous étions en France !!

EN GRÈCE

A MON AMI ANATOLE DUNOYER

——

Mon cher ami,

En tête de ces souvenirs d'Orient je mets votre nom, et c'est justice, puisque nous les avons vécus ensemble.

Au moment de livrer ces pages à l'impression, j'ai été tenté de les couler dans le moule que viennent de modifier (dit-on) les événements récents; mais mon éditeur ayant tenu à intituler ce volume *Un Philosophe en voyage*, je crois faire, une fois en passant, preuve de l'amour de la sagesse qu'il m'attribue, en n'ajoutant rien à mes notes de 1858.

A tout prendre, en effet, qu'y a-t-il de changé en Grèce depuis cette époque?

Rien, presque rien.

La fortune de quelques individus et les opinions de quelques autres, — voilà tout.

Le Parthénon est toujours debout, et c'est là l'important.

Quant au reste, la nation grecque est toujours celle que

nous connaissons, race merveilleusement douée et abusant de
ces dons.

Nous voyons aujourd'hui comme hier ce petit centre athénien exécuter en face de l'Europe les cabrioles les plus sérieusement comiques. — Le passé d'hier et le présent d'aujour-
d'hui se ressemblent.

Faut-il espérer dans l'avenir?

Faut-il espérer que là comme ailleurs, tôt ou tard on s'aper-
cevra que cette comédie centralisatrice, pour faire momenta-
nément la joie des acteurs, ne laisse pas que d'être fort affli-
geante pour les spectateurs?

Faut-il espérer que le nouveau roi, qui vient de loin, saura
se munir d'une constitution légère et portative, et se débar-
rassera de ces vieux accessoires qui encombrent d'ordinaire
les mobiliers de la couronne.

Ainsi soit-il.

Et en attendant, bien à vous.

ANTONIN BARTHÉLEMY.

ATHÈNES

— 1857-1858 —

I

Le 4 novembre 1857, après un mois de séjour en Sicile, je m'embarquai à Messine sur le bateau des messageries impériales, *le Carmel*. Du cap Sparti-vento, dernier adieu de la terre italienne, à la côte de Grèce la navigation est de quarante-huit heures. Pendant ces deux jours le spectacle fut continuelle-ment le même ; la mer roula ses vagues uniformé-ment, sans colère, et le gréement du navire fit entendre la même plainte. Pendant ces deux jours aussi la signora Julia, prima donna du théâtre Naoum, babilla de ce babil élégant qui caresse l'esprit sans le fatiguer.

Le 6, nous arrivions en vue du cap Matapan et de l'île de Cérigo : la terre classique nous apparaissait sous la forme de rochers sombres soutenant un sol nu et sans culture. Toute simple que fût la mise en scène, ce spectacle était grand et plein d'émotions sous la lueur du couchant, qui donnait à ces falaises une teinte sanglante ; c'était bien la Grèce telle que je me la figurais, dévastée et épuisée par dix années d'une lutte héroïque, mais grand fut le désappointement autour de moi : la signora soupira à la vue de cette Cythère si peu en harmonie avec l'idée que ses yeux, les plus beaux du monde, lui donnaient le droit de se faire du séjour de Vénus, et le visage de son Barnum se contracta piteusement.

— Un arbre ! hurlait en langue d'oc un commis voyageur, un arbre ! Voilà plus de dix ans que je *fais* l'Orient, et plus de vingt fois que je passe ici, je ne l'avais pas encore remarqué; j'en prends note.

C'était en effet un arbre malingre et rabougri, demeuré là sans doute pour prouver, comme l'a dit le poëte, qu'alors que tout semble écroulé, il reste encore quelqu'un debout.

Le lendemain, nous entrions dans le port du Pirée à neuf heures du soir. Si près d'Athènes, il eût été pénible de passer la nuit dans ce village. Un Anglais partagea d'autant mieux cette pensée qu'un sien

ami avait écrit au dos de son *Murray :* « Se défier
des hôtels du Pirée. » Nous avisâmes donc dans la
foule des embarcations collées aux flancs du navire
un jeune homme dont la mine éveillée et le jargon
mêlé de français et d'italien nous semblèrent de bon
augure pour nous tirer d'embarras. En un clin
d'œil il nous eut débarqués, nous et nos bagages,
et installés dans une voiture, large landau décrépit,
attelé de deux bêtes microscopiques.

Malgré la disproportion de la voiture et de l'atte-
lage', la lourde machine partit à grande vitesse
sur une route pavée de moellons, soulevant un
nuage épais de poussière. De bond en bond nous
arrivâmes jusqu'à un groupe de baraques faiblement éclairées. Alexandre (c'était le nom de notre
cicerone) ouvrit la portière et remit un peu de
symétrie dans le chargement bouleversé. Malles,
sacs, jambes et bras étaient si bien mêlés que l'alliance des deux nations n'avait jamais été certes
plus complète. Il nous servit un verre de raki avec
un gloukoumi (pâte faite de miel et d'amandes),
puis regrimpa à côté du cocher, et la course furi-
bonde recommença. Je sentis bientôt au bruit
moins sourd des roues que nous avions quitté la
campagne ; la voiture en effet s'arrêta, et nous
vîmes apparaître, entre deux colonnes d'ordre corinthien, un individu semblable, quant au visage et à

l'ampleur, à un chat de l'espèce angora. C'était le seigneur Ianni Adamopoulos, propriétaire de l'hôtel d'Orient.

— M. Dunoyer [1] ? lui demandai-je.

— M. Dunoyer est au théâtre.

— A quel théâtre?

— Au théâtre, il n'y en qu'un.

Courir au théâtre, enfiler un long couloir sombre, enjamber un étage, ouvrir cinq ou six loges avant de trouver la bonne, et tomber enfin dans les bras de mon ami, fut l'affaire d'un instant. On jouait *Buondelmonte* du *Maestro Paccini*. Nous partîmes au moment où allait commencer la lutte des Guelfes et des Gibelins, et passâmes la nuit à nous questionner, lui sur Paris qu'il avait quitté depuis six mois, moi sur Athènes où je venais passer l'hiver.

[1] Anatole Dunoyer avait fondé à cette époque un cours de littérature française et un cours d'histoire dans la patrie de Thémistocle.

II

Ce sont les Bavarois qui ont choisi l'emplacement de la moderne Athènes; on ne saurait les en féliciter; au lieu d'abriter la ville derrière l'Acropole du côté de la mer, ils l'ont exposée au souffle rigoureux des vents du nord; au lieu d'imiter le respect d'Adrien pour la ville de Thésée, ils ont assis leurs lourdes constructions sur les ruines antiques.

Il n'est pas une palme de terre dans cette plaine de l'Attique qui n'ait sa signification. Que l'art soit venu d'Égypte ou d'Assyrie, c'est là que cette sublime expression de l'intelligence, qui fait l'homme presque l'égal de Dieu, a atteint son apogée, c'est là qu'est réellement son temple; il fallait le respecter. Je ne suis pas de ceux qui crient au meurtre chaque fois que l'activité humaine, lancée dans un nouvel ordre d'idées, renverse la création de la veille; mais dans un pays où tout était à créer, je le demande, qui forçait à placer sur ces ruines mêmes la nouvelle capitale?

Les Allemands se sont crus Athéniens parce qu'ils foulaient le sol d'Athènes, et pour donner une preuve de leur atticisme ils ont fait de suite, non loin de l'Acropole, un gros palais en marbre pentélique, indiquant exactement la distance qui sépare un artiste grec d'un architecte de Munich.

On peut aisément se figurer le plan de leur ville par un gâteau de l'Épiphanie, coupé en quatre portions à peu près égales. Les deux incisions sont les rues d'Hermès et d'Éole; la fève du gâteau est ce palais dont je viens de parler, fève qui n'a pas coûté moins de huit millions de francs à la nation. Hormis ces deux rues principales, le reste s'en va à l'aventure cahin-caha, au grand désespoir de eeux qui tiennent la disposition rectangulaire pour le *nec plus ultra* de la perfection urbaine, à la grande joie de ceux qui espèrent voir un jour la ville ensevelie surgir de colère et mettre à bas ces baraques vermoulues.

Depuis quelques années le bon sens national (il faut l'en louer) éloigne les maisons de l'Acropole et construit, du côté du Lycabette, un nouveau quartier appelé *Néapolis*, qui, sur l'autre, a l'avantage d'être mieux percé, et de compter parmi ses monuments une œuvre remarquable, l'*Université*, essai heureux d'architecture polychromique, tenté par M. Hansen, architecte danois.

J'engage les savants qui n'ont pu découvrir sur le Parthénon les traces visibles de bleu turquin, à voir ce monument. Ils ne se convertiront pas sans doute à la polychromie (les savants se convertissent peu), mais ils traiteront peut-être moins légèrement leurs adversaires.

Des autres édifices il y a peu de chose à dire. L'*Hospice pour les aveugles*, l'*École des orphelins*, le *Séminaire*, l'*Amalion*, sont plutôt des œuvres de charité que des œuvres d'art; aussi faut-il nommer et honorer moins leurs architectes que leurs fondateurs : MM. Arsaki, Bernardaki, Sina, etc...

Du reste, parcourez la ville, vous ne trouverez pas un monument qui ne soit un témoignage de l'affection des Hellènes pour leur patrie; en revanche, vous n'en verrez aucun qui soit un gage de la sollicitude administrative. Le patriotisme des Grecs est immense et n'a d'égal que l'inertie de ceux qui ont cependant accepté la mission de les conduire dans la voie de la civilisation.

On a en réserve des sommes considérables pour la fondation d'une académie qui est à peine commencée et d'un musée qui ne l'est pas. Pendant mon séjour on a posé la première pierre de l'école navale (le Psariote Varaki avait légué les fonds depuis 1823). Par une inspiration qui est bien à la hauteur des goûts centralisateurs du jour, on a construit l'école navale, loin de la mer, au centre, c'est-à-dire à Athènes[1].

Au résumé, lorsqu'on a parcouru l'Athènes moderne en tous sens, qu'on l'a vue sous toutes les faces, du Lycabette ou des rochers de l'Aréopage, des hauteurs de l'Hymette ou de celles de Pentélique, on est forcé de conclure que cet immense village, peuplé de quarante-cinq mille âmes, est banal et sans caractère; on ne trouve pas si niaise cette pensée de Jocrisse qui se plaignait de ne pas voir la ville à cause des maisons, et on convient que si les Grecs n'avaient beaucoup d'autres excellentes raisons de vouloir les Turcs hors de Constantinople, le désir seul de se défaire de leur capitale en serait une suffisante.

Elle est en effet, cette grosse bourgade allemande, la seule note discordante dans cet harmonieux concert de la nature. Je ne connais pour moi rien de plus parfaitement beau que cette enceinte de l'Attique, aride et desséchée, semblable à un cheval de sang chez qui chaque veine et chaque muscle fait saillie. Tout d'abord cette calvitie nous étonne, nous fils de la Gaule chevelue; mais nous

---

[1] On a depuis fait de cette école navale un gymnase.

ne tardons pas à trouver, dans cette sublime simplicité, un charme varié à l'infini et une saveur plus délicate que celle de nos contrastes et de nos oppositions.

Il faut ajouter à cette séduction linéaire le magique effet de la lumière transparente et limpide qui la fait valoir. Le ciel si pur de Naples ne peut en donner qu'une faible idée. Aucune vapeur n'atténue la franchise du dessin, même au plus loin. Ce vague qui, dans le Nord, confond le ciel avec la terre n'existe pas en Grèce; il n'y a pas de passage heurté de l'ombre à la lumière; rien qu'une teinte d'une douceur et d'une harmonie indescriptibles.

O bienheureux enfants! vous qui marchez dans un air pur, plein de mollesse et de clarté.

Un soir que j'étais monté avec un savant allemand sur les rochers de l'Aréopage, et que de là j'admirais le soleil éclairant, même à son déclin, les moindres replis d'Égine :

— Cette limpidité qui vous étonne, me dit mon compagnon, a une cause naturelle; la pureté de cette atmosphère n'est due qu'à l'absence de végétation, l'air dont elle se compose ne renfermant que très-peu de molécules de substances hétérogènes. Remarquez bien que les fluides élastiques....

La science est impitoyable avec sa froide analyse,

et dans ce moment j'eus la velléité de précipiter le savant dans l'abîme qui s'ouvre là, profond et escarpé, mais je fus distrait de cette coupable pensée par l'admirable panorama qui se déroulait à nos pieds. La mer faisait le fond du tableau ; à gauche, les flancs labourés de l'Hymette ; à droite, le Corydalle ; derrière nous, le double étage du Pentélique et du Parnès ; aux derniers plans, enfin, les montagnes du Péloponèse, élevant leurs cimes aiguës.

Il semble que, de toutes parts, la Grèce veuille jeter un regard sur Athènes, et si tout récemment Corinthe s'est laissée choir d'un tremblement de terre, c'est que vraisemblablement l'observatoire, si maladroitement maçonné sur la colline des Nymphes, offensait au dernier point sa vue.

III

Le rocher de l'Acropole domine l'Athènes moderne de presque toute sa hauteur. On a beaucoup
écrit sur l'Acropole, et il y a en effet, sur cet étroit
rocher, un vaste champ pour l'observation ; l'ignorance la plus robuste y cède à l'émotion, et l'imagination la plus ardente sent ses aspirations plier
devant ce calme du génie fort et puissant. C'est cependant d'hier seulement que la lumière s'est faite
devant ce chef-d'œuvre de l'esprit humain ; et c'est
un géomètre, M. Pennethorne, qui a expliqué ma-
thématiquement le secret de cette beauté tranquille
qui soulevait l'enthousiasme du poëte, sans qu'il
pût s'en rendre compte. M. Pennethorne a mesuré
les monuments grecs et découvert que, dans cette
architecture comme dans la nature, toutes les lignes
obéissent à une courbe et à une inclinaison. On
peut donc affirmer aujourd'hui que les monuments grecs sont faits *d'après nature*, et que de

l'harmonie parfaite de leurs lignes avec les lignes environnantes est née cette plénitude de caractère qu'aucun art n'a pu atteindre. *D'après nature* n'est pas, cependant, l'expression propre : l'art grec interprète la nature et achève l'œuvre divine, c'est-à-dire qu'il n'est pas indifférent que le monument soit dans la vallée ou sur la montagne, et que le Parthénon couronne et complète le rocher de l'Acropole, tout comme le fronton de Phidias couronne et complète le Parthénon. Il faut une longue étude pour comprendre la discrète simplicité de ces combinaisons, tant le résultat en semble naïf et facile.

On ne peut se faire aucune idée de l'art grec par les modèles que nous lui avons empruntés, pour plusieurs raisons : la première est que nous avons négligé cette essentielle mise en scène; la seconde est que nous n'avons pas assez pris garde au mode de construction.

— Le passage qui vous introduit dans l'enceinte murée de l'Acropole traverse deux voûtes sombres et débouche sur le palier des Propylées. Après quelques marches, vous êtes sur le plateau supérieur; là s'élève le Parthénon.

Le temple présente son flanc éventré par la bombe tant de fois maudite du Génois Morosini, et découpe sur le ciel sa silhouette démantelée par lord Elgin. Malgré ces dévastations successives, malgré les mutilations qu'y ont faites les cultes chrétiens et musulmans, le colosse est encore debout, avec le plus grand nombre de ses colonnes doriques, largement assises, et les murs presque complets de l'opisthodome et du pronaos. Du côté de la façade, à quelques blessures près, on le croirait entier.

Tout à côté, à gauche, est l'Érechthéon, qui contenait les deux temples de Minerve Poliade et de Pandrose. Ce double édifice, chef d'œuvre de l'ordonnance ionique, renfermait le flot et l'olivier sacré. Il fut converti, sous les empereurs, en église chrétienne, et servit sous les Turcs de harem. En 1846, la France l'a fait relever, et l'Angleterre y a remplacé par un moulage la cariatide qu'elle y avai dérobée. Au sujet de cet enlèvement, Buchon raconte l'anecdocte suivante : « Les six cariatides qui portent l'entablement passaient, dans les croyances populaires, pour des êtres surnaturels. Après que l'une d'elles eut été arrachée de son socle, un sentiment d'indignation se manifesta dans le peuple ; on ne crut pas prudent d'enlever les autres pendant le jour, et on attendit la nuit. Au moment où les Turcs, chargés de la tâche, s'approchèrent du temple, le vent fit entendre un gémissement prolongé ; les Turcs crurent entendre la voix des statues et s'enfuirent effrayés, sans qu'on pût les décider à achever l'œuvre de destruction. »

Pour la description de ce monument, qui a soulevé bien des discussions archéologiques, je renvoie le lecteur au remarquable travail de M. Tétaz (*Mémoire explicatif et justificatif de la restauration de l'Érechthéon*, Revue archéologique, 1851), ou à l'analyse qu'en a faite M. Beulé dans son livre sur l'Acropole.

Derrière l'Érechthéon est l'endroit le plus escarpé du rocher : c'est là que s'élevait la statue en bronze de Minerve, haute de quatre-vingts pieds. De ce plateau, la vue embrasse un horizon immense.

En suivant l'enceinte septentrionale on revient aux Propylées ; une partie des colonnes a été renversée par l'explosion d'un magasin à poudre ; mais les murs sont restés fermes et, mieux que partout ailleurs, on peut constater là l'étonnante précision avec laquelle les Grecs échafaudaient le marbre sans ciment. Les blocs énormes semblent superposés d'hier, et l'aspect mâle et sévère de cette construction de géants contraste singulièrement avec la délicatesse du petit temple de la Victoire Aptère, placé à sa droite. La façade de cette petite miniature est composée de quatre colonnes monolithes cannelées, surmontées de chapiteaux ioniques. La Société archéologique d'Athènes l'a fait relever d'après les plans publiés par Spon et Welber. On n'est pas d'accord sur l'origine de son nom Aptère (sans ailes); selon les uns, il indiquerait que Thésée, revenant de Crète, n'avait pas envoyé avant son retour la nouvelle de sa victoire; selon les autres, ce temple aurait été élevé à la Victoire qui ne devait plus s'envoler d'Athènes.

A la gauche des Prolypées, en pendant à ce temple, est la Pinacothèque, destinée autrefois aux expositions de peinture, disposée aujourd'hui en musée d'antiques.

La seule nomenclature des statues, métopes, hauts et bas-reliefs, bustes, camées, vases, épigraphes, mosaïques, terres cuites, verres, bronzes, rangés dans la Pinacothèque, entassés dans le temple de Thésée, épars partout, nécessiterait des volumes. On peut, en se promenant au milieu de tous ces débris, suivre l'art grec à travers tous ses âges depuis l'époque éginétique, si sobre et si peu prodigue, jusqu'à l'époque romaine, qui supplée à la qualité par la quantité. Cette étude est des plus intéressantes, et sera des plus complètes à Athènes quand l'ordre sera mis en tout cela, et surtout quand l'archéologie sera débarrassée du pédantisme et des systèmes de certains archéologues. Les différentes époques de la statuaire sont autant de périodes nettes et précises de la condition morale des Grecs: on suit pas à pas toutes les empreintes de cette divine liberté jusqu'au moment où l'esclavage l'a étouffée avec le génie de l'art, qui en est inséparable. Dans le principe, l'île d'Égine, libre et indépendante, produit seule C'est seulement après Pisistrate qu'Athènes voit Phidias : avec Praxitèle la simplicité se change déjà en élégance; sous Alexandre, Lysippe tente vainement une renaissance; déjà l'apathie du luxe et l'abrutissement qui en résulte ont remplacé l'esprit public et l'amour désintéressé de la gloire; l'art ne sert plus aux vues étroites et aux passions raffinées de ceux qui le payent qu'une redite ou un travestissement des inspirations précédentes. Le ragoût des ornements, le maniéré des draperies, l'abus des détails, le mesquin et le minutieux dans les arrangements le précipitent rapidement vers sa décadence, et il s'en va, sous le dernier des Ptolémées, mourir sur le sol d'Égypte qui lui avait donné naissance.

IV

En face des Propylées, dans l'enceinte murée de l'Acropole, est la porte découverte en 1853 par M. Beulé. Cette découverte a fait grand bruit en France. Sur l'un des côtés de cette porte on lit en grec et en français l'inscription suivante : *La France a découvert la porte de l'Acropole, les murs, les tours et l'escalier. Beulé*, 1853.

Lorsque M. Beulé arriva à Athènes, la base des murs de l'Acropole devant les Propylées, comme dans les autres parties, était ensevelie sous les terres. M. Beulé supposa que l'Acropole devait avoir une entrée de ce côté, et que cette entrée devait se trouver dans l'axe de la porte centrale des Propylées ; il commença donc les premiers travaux de déblayement à ses frais, les continua aux frais du gouvernement français, et après deux années de fouilles poussées avec une conviction ferme et une persévérance infatigable, il découvrit complétement une porte flanquée de deux bastions.

M. Beulé donna de cette découverte une explication très-compliquée, basée sur différentes suppositions : démolition des murs par Sylla, empressement à les relever à l'approche des Goths, travail en sous-œuvre, abaissement du sol antique, etc. Quelques savants ont relevé des contradictions dans ces ingénieuses hypothèses : ils croient que le jeune archéologue a trop voulu prouver et que l'accord possible des faits qui servent de base à son mémoire n'a pas été suffisamment établi. Cependant une porte était là, et il était naturel de vouloir trouver une explication historique qui donnât une valeur quelconque à cette porte. L'explication de M. Beulé en vaut bien une autre, et elle est très-innocente jusqu'au moment où elle rencontre une critique plus grave. M. Beulé affirme que cette porte a quelque parenté avec le plan de Mnésiclès, en d'autres termes, qu'elle est la porte de l'Acropole. C'est là une question d'art. La conception d'une semblable entrée, large d'un mètre quatre-vingt-neuf centimètres, donnant accès sur escalier qui a soixante-dix pieds d'ouverture et plus de cent pieds de développement, peut-elle se rattacher au plan des Propylées? Y a-t-il une preuve? La seule serait une petite muraille à laquelle M. Beulé donne le nom de mur pélasgique; or ce mur pélasgique ressemble si étrangement à ce que les Romains appelaient *opus in-certum*, qu'il est permis de ne pas croire à l'existence précédente d'un escalier grec allant jusqu'à cette porte, et qu'on est parfaitement autorisé à ne pas supposer à l'architecte une idée qui eût été une faute énorme de perspective et de proportion.

Des fouilles très-intéressantes, mais qui ont fait moins de bruit, sont celles entreprises au théâtre d'Hérode Atticus, enseveli sous les décombres du versant méridional de l'Acropole. Elles ont été commencées en 1857 par M Pittakis, conservateur des antiquités d'Athènes. M. Pittakis est l'homme de l'Acropole. Dès le matin on voit sa mince silhouette cheminer à travers les décombres, et le soir on la voit redescendre, grossie de quelque trésor nouveau, qu'il dérobe aux regards sous les pans de sa redingote; son cabinet, encombré de bas-reliefs et d'inscriptions, offre une image fidèle de son érudition encyclopédique. C'est un catalogue vivant, et sa mort déclassera bien des fragments dont lui seul sait l'origine et l'importance.

Nous allions souvent, Dunoyer et moi, à l'Odéon d'Atticus pendant qu'on déblayait les gradins. M. Pittakis était toujours là, ne perdant pas un coup de pioche; c'était chaque fois une découverte nouvelle et aussi une nouvelle discussion.

Ces visites avaient développé en nous le goût des recherches, et l'occasion se présenta bientôt de faire nos premières armes. Un matin que nous étions sortis à cheval, Dunoyer et le professeur St.... prirent à droite pendant que j'allais à gauche. De retour à l'hôtel, je trouvai mes compagnons en proie à un enthousiasme indescriptible : ils avaient vu au pied de l'Hymette, sur le bord de la mer, des *tumulus*; il fut convenu que nous demanderions au ministre Christopoulos l'autorisation de leur percer le flanc, laquelle autorisation demandée et très-gracieusement accordée, nous partîmes le lendemain, au lever du jour, précédés d'une demi-douzaine d'ouvriers. Le cortége, mi-parti à cheval, mi-parti à âne, cheminant entre les baies odorantes du myrte, s'en allait gaiement, mêlant sa voix grave aux cris aigus de la cigale. En arrivant on déjeuna copieusement, cette course matinale ayant largement ouvert l'appétit de chacun ; puis on se mit à l'œuvre; mais les ouvriers grecs fument beaucoup, et le brasier où ils allumaient leurs cigarettes était à une grande distance du chantier, en sorte que le soir ils eurent enlevé à peu près un pied de terre, fumé de vingt-cinq à trente mètres de cigarettes et fait une dizaine de lieues. Nous nous en tînmes donc là, au grand désespoir du professeur St..., qui avait déjà supputé sur ses doigts la part du trésor qui lui reviendrait.

— En dehors de l'Acropole, les monuments sont encore nombreux : au sortir de l'Odéon d'Atticus, on suit une ligne d'arcades qui faisaient partie du portique d'Eumène ; on laisse à sa gauche le théâtre de Bacchus, enfoui sous les décombres, et on arrive à l'arc d'Adrien, sorte de porte cochère d'un goût douteux. Derrière s'élèvent les colonnes du temple de Jupiter Olympien. C'était le plus vaste de ceux d'Athènes ; on est là dans la ville romaine, et il n'est pas difficile de reconnaître à ces vestiges l'empreinte des architectes latins qui croyaient faire grand en faisant élevé. Il ne reste que quinze colonnes debout. Sur l'une d'elles, on aperçoit une niche en maçonnerie qui a servi de retraite à un moine stylite, le dernier, je crois, de ces mystiques.

« J'étais, dit un de ces solitaires, qui nous a laissé le récit de ses souffrances, tellement brûlé des rigueurs de la gelée que très-souvent elles ont fait tomber les ongles de mes pieds, et l'eau glacée pendait à ma barbe en forme de stalactites. » Malgré le chaud et le froid, celui d'Athènes prolongea assez longuement cette singulière existence de cigogne.

De l'autre côté de l'Ilissus est le stade Panathénaïque. Les spectateurs y étaient dans le principe assis sur la terre. Hérode Atticus fit recouvrir les siéges de marbre, luxe efféminé qui souleva tellement l'indignation d'un philosophe qu'il s'emporta dans ses discours jusqu'à s'exposer à la lapidation.

« *Si, au milieu des buveurs ivres, seul tu veux conserver ta raison, seul tu paraîtras ivre au milieu des buveurs.* »

De cette colline la campagne d'Athènes s'allonge en lignes sévères jusqu'à la mer. Au milieu du jour ce paysage est d'un calme et d'une stupeur étrange. Rien ne bouge : la silhouette du berger se détache immobile sur le ciel; les aigles qui planent semblent cloués à la voûte azurée; tout est pétrifié. Decamps a admirablement rendu ce lourd sommeil de la terre et la rudesse de cette écorce tannée par l'ardeur du soleil.

— En laissant à sa droite le boulevard de la Reine, qui, sur ce sol fauve, détache crûment sa trace blanchâtre, on trouve au milieu de la rue des Trépieds le monument chorégique de Lysicrate. Ce petit édifice, dont les chapiteaux sont cités comme un modèle de style corinthien, était un témoignage de la pureté du chant d'une tribu athénienne. Le P. Simon, supérieur des capucins, l'acheta cent cinquante écus, et lui assura ainsi, sous la domination turque, la protection française. La tradition populaire lui donne le nom de lanterne de Démosthène et veut que dans cette rotonde le célèbre orateur déclamât ses discours : le seul inconvénient à une semblable supposition est que le monument n'a jamais eu ni portes ni fenêtres.

Le tombeau de Philopappus le Syrien, élevé sur la colline du Musée, n'est remarquable que par le grand nombre d'inscriptions et de noms qui y sont gravés, et ce ne sont point noms de sots, mais noms des plus célèbres de ceux qui, nés avec la liberté, furent chassés avec elle et errèrent en Europe pendant les premières années de ce siècle.

J'ai rencontré là, triste et mélancolique, un jeune homme de vingt ans, qui souffrait d'une maladie de cœur. Son médecin l'avait promené en Égypte et en Syrie, sans que les ruines de Thèbes et de Palmyre l'eussent pu guérir. Un mois après je le revis à Daphné, gai et souriant, chevauchant aux côtés d'une des amazones les plus élégantes d'Athènes ; il avait renvoyé son allopathe. *Similia similibus :* L'homœopathie fait de belles cures !

Ce n'est pas du reste une des moindres curiosités de la ville que ce défilé continuel d'étrangers de tous pays ; mais mes chers compatriotes sont comme les ombres chinoises, ils paraissent et disparaissent : le vendredi ils débarquent affamés d'antiquités et se rembarquent le dimanche très-rassasiés. A aucun d'eux je n'ai pu faire regarder autre chose que les monuments antiques ; à peine donnaient-

ils *un' occhiata* à ces délicieuses petites églises byzantines pour se sauver au plus vite. L'art justinien
ne jouit en France que d'une médiocre considération; l'opinion du frère Eusèbe est qu'en ces petites
chapelles le bon Dieu est logé trop à l'étroit, et
l'opinion de beaucoup d'autres est que cet art n'est
qu'un pastiche malheureux de l'art grec. La faute
en est aux historiens qui ont trop maltraité cette
malheureuse époque byzantine. « Toute la durée
de l'empire byzantin n'offre pas, dit Gibbon, une
découverte qui ait augmenté la dignité de l'homme
ou contribué à son honneur. » — « Si nous cherchons,
dit un autre, le contingent que le Bas-Empire a ap-
porté dans la civilisation moderne, nous trouverons
le corps des lois romaines et l'introduction du ver à
soie. Après cela rien, à moins, ajoute-t-il, que nous
ne parlions des moulins à vent apportés de l'Asie
Mineure au douzième siècle. » — Pourquoi n'avoir
cité ni les prunes ni les échalotes importées en Europe à la même époque? Cela eût été tout aussi
plaisant. De l'architecture, pas un mot. Sans faire
une énumération qui ne saurait trouver place ici, il
me semble que ceux qui, en échange de l'ignorance
féodale, nous ont légué la renaissance des arts et
des lettres méritaient quelques ménagements. Toujours est-il qu'il est résulté de cette condamnation
infligée à toute une époque des préventions telles

contre tout ce qui vient d'elle, qu'on connaît très-
superficiellement ses œuvres. A Athènes même, les
modernes architectes, chargés de l'érection d'une
cathédrale, ont préféré un lourd mélange d'ordonnances orientales et latines aux délicieux modèles
de la Kapnikarea et de Saint-Théodore, qu'ils avaient
sous les yeux. Un artiste français, M. Boulanger,
qui a décoré avec infiniment de goût et de réserve
la nouvelle église russe, pourrait mieux qu'aucun
autre, après les premiers travaux de Couchaud, publier des données sur cette époque que son long
séjour en Grèce lui a permis d'étudier à l'aise. Il
n'est que temps de faire un semblable travail, car
là comme partout la restauration armée de la truelle
et de la brosse repeint et recrépit en aveugle.

V

« Je conviens, me disait un de mes amis à mon retour, que l'étude de l'antique offre un grand et long intérêt, mais qu'avez-vous pu faire pendant tout un hiver à Athènes?

— Je voyais la société grecque, et je vous assure que les relations y sont fort agréables.

— N'y a-t-il pas un grand nombre de Français?

— Ceux-ci sont en effet très-nombreux; il y a d'abord une ambassade, et il y avait à cette époque une inspection des finances et une administration des ponts et chaussées. Je voyais peu l'une, à peine l'autre et pas du tout la troisième, car je vous avouerai que j'allais en Grèce pour voir des Grecs.

— Vous étiez cependant en relation avec l'école française?

— Certainement; c'était avant sa réorganisation. Elle n'avait à cette époque qu'une section des lettres et cinq lettrés d'humeur charmante : MM. Thénon, Perrot, Hinstin, Heuzey et de Claubry.

MM. Thénon et Perrot venaient d'explorer l'île de
Candie, et leur conversation était pleine d'intérêt.
M. Hinstin, marcheur infatigable, parcourait l'Attique. M. de Claubry faisait avec succès de la photographie, et M. Heuzey préparait le remarquable
travail qu'il vient de publier sur l'Acarnanie.

— Quel est au juste le but de cette école?

— M. Lacroix, un de ses membres, dit que le
vers d'Horace

> Adjecere bona paulo plus artis Athenæ

pourrait lui servir de devise ; mais M. Rouland dit
dans son dernier rapport qu'elle est aussi destinée
à porter au sein d'une nation amie le témoignage
de nos sympathies et le goût de notre civilisation.
Cette intention de se faire aimer par la parole est
certes très-louable ; mais je n'y vois qu'un empê-
chement : c'est que l'école française fréquente fort
peu la société grecque.

—Ou que la société grecque fréquente peu l'école
française ?

— Comme vous voudrez. Pour en revenir à la
première, son accueil est très-affectueux. Quelques
sceptiques prétendent que de même que la sobriété
n'est pas une vertu, mais une précaution hygiénique sous ce climat brûlant, l'hospitalité n'est
qu'une conséquence du peu de ressources qu'offre

le pays, et que, dans Athènes, elle est un reste des habitudes demeurées complètes dans le Magne. Il est de toute évidence qu'à mesure qu'on s'avance dans le pays où les besoins de la vie font de plus en plus défaut, votre hôte est nécessairement de plus en plus généreux ; il est également certain que les mœurs égoïstes de notre Occident tendent à remplacer l'aménité orientale, et que, dans quelques années, au lieu du tchibouk, de la tasse de café et du plateau de confitures sèches servis au nouveau venu, on se contentera de lui donner, comme à Paris, l'adresse des bons restaurants ; mais ce qui ne tient en rien à un reste d'habitudes, c'est cette promptitude et cette facilité des relations premières. En revanche, l'intimité est difficile : si votre hôte ne vous engage pas plus souvent à vous asseoir à la table de famille, c'est que la famille est pauvre, fière dans sa pauvreté, qu'elle redoute l'examen et, par-dessus tout, la raillerie que nous n'épargnons à personne. Cette inquiétude perpétuelle de leur part nous offusque, parce que nous ne tenons pas compte de la différence de caractère et aussi de la différence de leur condition passée et présente. »

On peut reprocher la même erreur aux réformateurs qui ont voulu *latiniser* la Grèce actuelle. Les mœurs des Grecs sont restées orientales, c'est-à-dire patriarcales et démocratiques, imbues des souvenirs de la civilisation asiastique dont Homère est la personnification la plus haute comme des premiers préceptes chrétiens dont saint Paul est le plus digne apôtre. Depuis trente ans on a tenté de discipliner la Grèce à l'européenne ; je me hâte de dire qu'on n'a pas réussi et que s'il faut aller jusque dans la cabane du paysan ou sous la tente du pâtre pour trouver les habitudes vierges de toute atteinte occidentale, dans les salons d'Athènes même où l'impression a été la plus profonde, le vernis n'est que superficiel.

Si au premier abord rien ne vous semble si voisin d'un salon français qu'un salon grec (au confort près), votre illusion sera de courte durée, et vous ne tarderez pas à vous apercevoir que le groupe des *dilettanti* qui rit de nos classifications hiérarchiques et sait trouver l'homme sous l'habit est plus nombreux qu'il ne paraît. A mesure qu'on pénètre dans l'intimité de chacun, on retrouve les vrais caractères de la race : sentiment de l'égalité, initiative individuelle, antipathie profonde pour nos usages disciplinaires. On entend dire aux Athéniens, en parlant de nous : « les Européens, » comme s'ils habitaient l'autre rive du Bosphore. Du reste, l'antagonisme des Grecs et des Latins ne date pas d'aujourd'hui ; rien n'a pu rester commun entre eux, pas même la religion, tant les idées procèdent différemment. Pendant que l'individualité, inhérente à leur caractère, faisait d'eux les rivaux du commerce anglais, les institutions européennes n'ont eu pour résultat qu'une parodie misérable de nos usages. C'est une bien étrange et bien ridicule prétention en effet que de vouloir mesurer tout le monde à son aune et de condamner ceux que notre habit gêne. L'expérience a cependant prouvé contre ce despotisme, car si on se rappelle la joie de l'Europe en voyant les fils de Mahomet vêtir l'*indispensable*, on n'a pas oublié son désappointement quand l'enveloppe craqua à leur premier mouvement. Mais nous n'en persistons pas moins à imposer doctement nos habitudes et nous sommes les dignes descendants de Vaucanson. — « Parlez donc français, si vous voulez qu'on vous comprenne, » disait un de mes compatriotes récemment débarqué au *cameriere* de l'hôtel d'Orient.

Pendant mon séjour à Scutari, je voyais chaque matin d'infortunés Turcs, dressés par un officier français à l'école de peloton ; ces malheureux tombaient souvent et faisaient toujours ce qu'on appelle vulgairement du *bœuf à la mode*. L'officier entrait dans des colères furieuses, maudissait tout le monde et s'en prenait même à Dieu, au diable, à tous les saints : il eût été si simple de rendre à ces cavaliers les selles turques !

La société athénienne, éduquée à l'européenne, ressemble assez à un jardin d'acclimatation où rien ne serait encore acclimaté, mais où on négligerait la culture excellente des plantes naturelles.

Les premiers prôneurs de l'élément occidental ont été les Phanariotes. Ces familles réfugiées après la conquête de Constantinople au Phanar, quartier de Stamboul, et enrôlées au service ottoman dans la diplomatie et l'administration des provinces tributaires, avaient depuis longtemps adopté les usages de l'Occident. Ils ont même tenté la création d'une noblesse et se sont conservé entre eux leurs titres administratifs, mais ces prétentions nobiliaires n'ont pas dépassé en Grèce le seuil de leur porte et ne s'étalent pompeusement qu'à l'étranger.

« Il manque aux Grecs une aristocratie, » s'est écrié un écrivain anglais. Eh bien ! n'en déplaise à cet écrivain, n'en déplaise à M. Boudouris *the finest gentleman in Greece* et aussi à mon ami Vretos qui, dans son Guide d'Athènes, emprunte à notre vocabulaire ces mots : *bon genre, bon ton, bonne société*, les Grecs ont le sentiment démocratique ; ils ne sauront jamais se plier à certaines de nos conventions anglaises ou françaises. Que le mince résultat obtenu ne fasse pas illusion ; si on est arrivé à faire une société dans Athènes *à l'instar* de l'Europe, on ne refond pas aussi facilement tout un peuple,

et le jour où ce peuple soufflera sur cet échafaudage
mal assis, il en restera si peu de traces qu'on dou-
tera même qu'il ait jamais existé [1].

Il est un lieu commun qu'on ne cesse de répéter
en Grèce : L'Orient a civilisé l'Occident, l'Occident
lui doit la civilisation. Passez-moi la casse, car je
vous ai passé le séné. Il est en effet utile de faire
don à l'Orient de toutes les excellentes découvertes
de la science moderne, mais il est tout à fait su-
perflu de le gratifier d'institutions dont nous-mêmes
reconnaissons les défauts et qui sont absolument
incompatibles avec ses mœurs. Les écrivains qui
ont ri de LL. Exc. les ministres tutoyant l'épicier
du coin ont bien fait ; mais le ridicule n'est pas
qu'ils tutoient l'épicier, puisqu'il est dans l'habitude des Grecs de dire « tu » à chacun de ses frères,
quelque rang qu'il occupe, le ridicule est d'affu-
bler ceux qui sont à la tête des affaires du titre
d'Excellence, sous prétexte que cela se fait ainsi
en Bavière. Je ne trouve nullement plaisant que le
héros Canaris mette mal sa cravate, mais je trouve
singulier qu'il porte une cravate, et si dans les bals
de la cour les pallikares n'ont pas la tenue de nos
habitués de salon, il n'y a là rien que de très-na-

---

[1] Le peuple souffle ; mais les Phanariotes, avec l'aide de John
Bull, sont en train de reconstruire.

turel, il serait étrange qu'il en fût autrement. La décoration du Sauveur fait fort bien sur un habit noir, mais elle n'a eu pour résultat que de créer un élément de corruption chez un peuple qui ne connaissait ni distinctions ni faveurs. Au total, je ne vois aucunement ce que les Grecs auront gagné à se meubler d'un mécanisme social semblable au nôtre, si ce mécanisme ne fonctionne pas. Ce n'est là qu'une dépense inutile de temps et d'argent.

— Si l'on en croyait Fallmerayer, il n'y aurait plus de Grecs en Grèce, il n'y aurait que des Slaves ; il est hors de doute que les Hellènes de la Thrace et de la Macédoine ne peuvent se vanter d'une origine aussi immaculée que les montagnards de l'Olympe ou du Magne ; mais il est également incontestable que du cap Malée à la mer Noire et de Smyrne à Corfou, il y a dix millions d'individus qui parlent le grec mêlés à une population qui parle le slave, et que dans la plaine d'Athènes, on distingue facilement l'Albanais aux tempes étroites et au nez busqué du Grec au front large et aux pommettes saillantes, bien que leur costume soit le même. Il suffit de causer une heure avec ce dernier pour ne pas mettre en doute l'authenticité de son origine. Les qualités d'esprit sont restées les mêmes qu'au temps d'Homère : même aptitude à tout comprendre bien et vite, même facilité à tout exprimer élé-

gamment et métaphoriquement. Ces qualités donnent aux Hellènes une supériorité si grande sur les
autres races de l'Orient qu'ils ne sont aimés d'aucune. Les Turcs leur reprochent d'être défiants et
dissimulés, parce qu'ils ont opposé la ruse à la
force ; les Levantins les accusent de mauvaise foi
dans les relations commerciales, parce qu'ils ont
pris modèle sur eux et qu'ils ont souvent surpassé
leurs maitres. Ils ne sont pas plus sympathiques
aux autres nations méditerranéennes. Sérieux et ré-
fléchis, ils ignorent la raillerie ainsi que le ton
rapide du drame. La douleur suit chez eux le sentier tranquille de l'élégie ; c'est un mal latent et
non une crise aiguë qui amène les transports de la
folie. Tandis qu'à Naples ou à Venise, par exemple,
les armes de Cupidon font de terribles blessures,
les flèches du dieu athénien n'empêchent ni de dormir ni de vaquer à ses affaires. Les Grecs ont conservé l'intonation tragique et sont bien les fils de
ce furieux Oreste, mort à plus de quatre-vingt-dix
ans des suites d'un accident : dans leur esprit, l'action marche toujours avec lenteur et gravité, non
sans emphase, quoique serrant de près la réalité,
dialoguant, questionnant et se donnant le temps de
la réflexion avant d'arriver au dénoûment. On est
stupéfait de ces tendances analytiques et pré-
voyantes, même chez les plus ignorants. C'est le

peuple qui sait le mieux écouter ; c'est celui qui parle le moins, tout en parlant beaucoup.

— Tout le monde connaît le costume grec : le dolman court, la jupe (*fystan*) appelée foustanelle, le fezy dont le gland retombe touffu sur la nuque, et la guêtre brodée dessinant étroitement la jambe. Chez les marins la foustanelle est remplacée par un pantalon très-ample et la guêtre par un bas. L'hiver, ce costume est complété par le *talagani*, long manteau en peau d'agneau indiquant la taille. Les Grecs, pour la plupart régulièrement beaux, grands et élancés, portent cet uniforme national avec une grande tournure. Les Jeune-Grèce en exagèrent l'élégance en se serrant la taille outre mesure et en donnant trop d'ampleur à la foustanelle. Pendant l'hiver de 1858, la mode était parmi eux de porter la barbe pleine. J'espère que cette fantaisie qui leur donnait l'aspect de sapeurs en jupons aura disparu ; la moustache effilée, découvrant la lèvre, convient mieux à leur visage finement accentué comme à leur accoutrement spirituel et coquet. Chaque jour, hélas ! à Athènes l'or pur de ces vêtements se change en un drap vil, sorti de quelque maison de confection. Athènes compte soixante-dix tailleurs et cinquante cordonniers qui habillent et chaussent à la française contre six tailleurs et trois bottiers nationaux. Il y a soixante-deux magasins de nou-

veautés pour les femmes ; aussi n'en est-il pas plus
de trois ou quatre qui portent le costume national
par fidélité (j'excepte les demoiselles d'honneur de
la reine qui le portent par ordre), et encore de ce
costume ne reste-t-il que la moitié, la veste échan-
crée sur la poitrine et le *taktikios* (bonnet) de Smyrne ; la trame crinoïde est venue gonfler la jupe
étroite et longue. — Le costume des îles est plus commun, mais rappelle, par le grand nombre de vêtements superposés, la simplicité enfantine de nos
silhouettes campagnardes. Je lui préfère de beaucoup, malgré sa roideur, la longue robe albanaise
que portent les femmes de la campagne.

C'est surtout à l'Agora qu'on voit cheminer dans
son uniforme pittoresque toute la paysannerie des
environs.

Cette Agora n'est pas l'antique Agora du Cérami-
que ; c'est un marché fait de baraques vermoulues,
abrité de toiles en lambeaux ; là s'étalent tous les
produits, depuis la figue ventrue de l'Asie Mineure
jusqu'aux productions brevetées des parfumeurs de
Paris.

De chaque côté de ce marché se dressent deux
spectres de l'antique : la tour des Vents, ou clepsy-
dre d'Andronicus, monument octogone estampé
d'assez médiocres figures, et le portique de Minerve
Archegetis. Les archéologues, après avoir commenté

le premier traversent rapidement cette longue halle
pour aller voir le second ; mais ceux qui n'en
veulent ni à l'opinion de Meursius ni à celle de
Leake s'attardent volontiers au seuil des marchands,
surtout le matin, alors que la gent campagnarde

Assise sur un char d'homérique origine,
Comme l'antique Isis des bas-reliefs d'Égine,

débouche des routes de Thèbes et de Marathon. J'ai
dit que les hommes étaient régulièrement beaux ;
les femmes des champs sont laides. De moyenne
taille, robustes, basanées, elles n'ont rien de fémi-
nin, dans l'acception que nous donnons à ce mot.
Dans la classe commerçante et la société phanariote
qui vient en grande partie d'Asie, où le sang est
resté pur, il y en a, au contraire, un grand nombre
qui sont réellement belles. La nonchalance orientale
leur donne un charme inconnu en notre pays ; mais
elles marchent mal et ignorent cette correction
dans la tournure que les Françaises possèdent à un
si haut degré.

On les voit rarement à la promenade ; elles quit-
tent peu leur intérieur, où elles se livrent à des travaux domestiques et s'adonnent à la lecture de romans pour la plupart traduits du français.

Bien que les nuances tendent à disparaître, il y
a aujourd'hui encore dans Athènes deux sociétés

bien distinctes : la société phanariote et la société grecque proprement dite, la première déjà tout européenne, la seconde en train de le devenir.

Les dames phanariotes sont instruites et parlent admirablement le français. Les autres, dont l'instruction est très-limitée, ont un bon sens instinctif et un tact parfait qui n'est pas un des moindres sujets d'étonnement pour les étrangers.

A ceux qui voudraient se faire une idée des mœurs athéniennes, on peut recommander deux charmantes lettres du prince de Ligne sur les princesses moldo-valaques. Du reste, la famille est, en Grèce, très-respectée et très-respectable, et je me hâte de rassurer les mères : elles peuvent sans danger envoyer leurs fils à Athènes, on ne les leur enlèvera pas. Les histoires qu'on raconte à ce sujet sont vraiment des plus effrayantes, mais sortent le plus souvent de la cervelle inventive des voyageurs. A Athènes, l'éducation des jeunes filles est libre comme en Angleterre : on peut, sans témoin, causer avec elles avant de les épouser, ce qui, j'en conviens, a lieu de nous surprendre, mais il n'y a aucune trappe ni porte secrète dans les maisons.

Quelques bonnes gens pour qui le monde finit au bois de Boulogne m'ont demandé s'il est vrai que les Grecs ne se servent pas de mouchoirs, ignorent l'usage du savon et mangent de la viande crue.

J'ai répondu que sous ce ciel sec on éprouve si rarement le besoin de se moucher que ce n'est vraiment pas la peine d'en parler, que la Grèce ne saurait être comparée à la Hollande, et enfin que le mets national, le mouton à la pallikare, est parfaitement cuit à point. Le reste de la cuisine est emprunté aux manuels italiens et français ; les vins de Grèce, même ceux préparés à la résine, sont exquis; les légumes sont rares, mais les fruits sont excellents, et le *yaourt* (crème), semé de fraises, est une des plus délicates jouissances gastronomiques.

—J'ai entendu dire que le taux de la probité d'un marchand anglais était de cent livres sterling, et que celui de la probité grecque était moindre. L'une et l'autre de ces suppositions sont absurdes ; il est impossible d'établir en pareille matière une base exacte : c'est l'occasion qui fait le larron. Les étrangers sont volés partout, mais pas plus à Athènes qu'en tout autre lieu du monde. La seule différence, c'est qu'ils y sont volés plus facilement à cause de la confusion des systèmes monétaires, et cette confusion est encore une suite des méprises bavaroises. Rothschild avait offert au conseil de régence de soumissionner un emprunt payable en monnaies frappées au poids de la France. Le conseil trouva plus ingénieux et surtout plus archaïque de s'éloigner de toutes les bases connues en rétablissant la drachme avec son poids ancien. La drachme vaut un pence et demi, un peu moins qu'un franc, un peu plus qu'un swanziger. Ces pièces mal faites furent exportées en lingots, et aujourd'hui ce sont des calculs désespérants pour la moindre transaction, calculs où la monnaie autrichienne, laide et désagréable au toucher, joue le plus grand rôle et où le marchand, à quelque nation qu'il appartienne, vous en débarrasse obligeamment.

Pour en finir avec la probité grecque, qu'on a tant maltraitée, dans les campagnes la population est avide parce qu'elle est pauvre, mais elle est honnête. Les voyageurs qui jugent d'après les hôteliers, portefaix, cochers, etc., jugent mal. Cette race est la même partout. A Athènes seulement, un grand sang-froid avec des allures dignes remplace la grossière impudence de certains facchini italiens ou l'aménité doucereuse des serviteurs allemands.

C'est un fait digne de remarque qu'on n'est jamais assourdi dans les rues par les plaintes des mendiants. Ils sont peu nombreux, car la famille vient en aide à ceux de ses membres qui sont pauvres, et le peu qu'il y en a demande sans bruit.

— Les rues d'Athènes ont une physionomie particulière. Ce n'est ni le désordre bruyant des rues de Naples ni l'activité méthodique des rues de Lon-

dres. On trouverait un point de comparaison plutôt
dans certaines de nos villes de province où les bourgeois désœuvrés flânent et se repassent les commentaires de la ville, sans quitter le trottoir.
Athènes a tout à fait l'aspect d'une ville où l'on ne
sait que faire ; la population mâle campe dans les
rues presque tout le jour en compagnie du soleil ;
les marchands ont un pied dans leur boutique et
l'autre en dehors, et les chalands mêlent à l'ingrate
arithmétique des échanges quelques propos fami-
liers ; on arrête celui-ci, on fait des commentaires
sur celui-là. Le magasin d'Alexandre, entre autres,
est une des agences les mieux informées. Restez
une heure au carrefour des rues d'Hermès et d'Éole,
devant le café de la *Belle-Grèce*, vous aurez la satisfaction de voir défiler devant vous tout le monde
athénien ; le premier gamin venu vous les nom-
mera tous. Celui-ci, c'est le ministre à vendre ; celui-
là, c'est le ministre vendu. Voici Canaris, un nom
qui a rempli l'Europe et qui tient dans un étroit
paletot, Chriesis, Métaxas, Mavrocordatos, Rangavi,
Miaoulis, les noms d'hier et les noms d'aujour-
d'hui. Cet homme qui s'avance timidement comme
s'il marchait sur des œufs, et qui jette autour de
lui un regard inquiet est Chiote. A sa vue votre
cicerone grognera ; car les Chiotes ne sont pas
aimés. Une tradition populaire veut que l'île de

Scio ait été peuplée par des juifs ; bien que les Chiotes aient les allures des juifs et comme eux réussissent dans la banque et le négoce, cette tradition est erronée. L'esprit commercial a toujours formé, dans l'antiquité comme aujourd'hui, le fond du caractère national des Chiotes. « Deux causes, dit M. Lacroix, expliquent cette tendance. La position de Scio, située au milieu de la mer entre l'Europe et l'Asie, sur cette grande route maritime du commerce ancien, invitait naturellement ses habitants au négoce ; d'autre part la nature de leur île, dont le sol pierreux est peu propre à l'agriculture, leur en faisait en quelque sorte une nécessité. »

De même qu'à l'allure on reconnaît le banquier de Scio, on reconnaît à la parole l'habitant des îles Ioniennes. Son éloquence épileptique domine les voix dans les groupes. J'ai une grande admiration pour les Ioniens ; je ne dirai pas que ceux qui recherchent la perfection humaine en trouveront dans ces îles de nombreux exemples, mais ils trouveront un assemblage des plus merveilleuses qualités naturelles, joint à la saine civilisation qu'y ont laissée les républiques italiennes. L'ingénieuse combinaison Gladstone a donné tout dernièrement à l'Europe une idée de la dignité de leur caractère, de l'étendue de leur patriotisme et de la sagesse de leur esprit. Ils joignent à cette sagesse hellénique toute la fougue italienne. Actifs, intelligents, affectueux et simples dans leurs rapports, ils s'attirèrent à première entente toutes les sympathies[1].

C'est au demeurant une curieuse étude que celle de ce mélange dont se compose la population athénienne.

Le dimanche tout le monde se transporte du carrefour de la Belle-Grèce à la promenade de Patissia (corruption de Pachischah); les hommes s'en vont toujours causant, et les femmes, qui ce jour-là abandonnent la maison, les suivent à quelques pas derrière. Autour d'un kiosque où est circulairement rangée la musique militaire, la foule se promène, puis chacun revient non pas au logis, mais dans la rue; pendant les nuits chaudes de l'été, le plus grand nombre y couche. Ces dormeurs signalent leur présence par un bourdonnement qui est une sorte de monologue interne, écho de la conversation de la veille, car le peuple grec est resté le plus spirituel et le plus éloquent de tous les peuples.

---

[1] La cession des îles Ioniennes sera le plus sérieux bénéfice de la dernière révolution grecque.

VI

Ceux qui n'aiment pas à causer politique courent le risque à Athènes de ne point causer du tout, car cette conversation sérieuse se mêle à tout et entre partout. On ne l'évite nulle part, ni au café, ni à la promenade, ni dans les salons, et le dialogue amoureux lui-même pourrait être, dans notre pays, sujet au timbre.

Cette préoccupation des Athéniens n'a rien de surprenant. Les puissances occidentales ont fait d'Athènes un terrain de lutte; la société phanariote a de tout temps vécu de politique, et il n'est pas un Athénien qui ne prête l'oreille au moindre bruit de l'Europe, tant l'amour de la patrie commune est développé en eux, et tant surtout peut gagner à la moindre secousse ce petit royaume étroitement taillé.

Les partis sont nombreux, les germes de divisions fréquents; on ne s'entend que sur un point: délivrer ses frères. On ne diffère que sur les moyens et l'opportunité. Chaque jour, à chaque heure, à chaque minute, on retourne la question en tout sens : on lit avidement les journaux de Londres, de Paris, et les journaux grecs qui les reproduisent ou les discutent ; mais, chose étrange, on s'occupe très-médiocrement de l'état intérieur du pays, ou si l'on s'en occupe c'est pour le défendre systématiquement aux yeux des étrangers, car, au fond, on passe facilement condamnation sur un état qu'on ne considère que comme provisoire.

C'est la grande faute des Grecs de ne pas dire assèz ouvertement la situation déplorable qui leur a été faite.

Pour bien s'en rendre compte, il est utile de jeter un coup d'œil sur les dernières pages de leur histoire depuis l'avénement du roi Othon.

Le 30 janvier 1833, le conseil de régence, nommé à Munich, le 6 octobre de l'année précédente, débarqua à Nauplie avec le jeune roi au milieu d'un pays dévasté, dépeuplé et ruiné par la guerre nationale et la guerre intestine. Peu soucieux des intérêts matériels du pays, le conseil de régence employa les deux premières séries de l'emprunt garanti par les puissances protectrices à payer largement les nombreux employés qu'il amenait avec lui, et la petite armée de trois mille cinq cents hommes qui l'escortait. Aussi, quand le roi atteignit sa majorité, le gouvernement était sans ressources

et le pays sans institutions. A la place des libertés
municipales, respectées dans une certaine mesure
par le gouvernement turc, on avait jeté les germes
d'une centralisation bureaucratique qui fonction-
nait mal.

Sous les influences successives de l'Angleterre et
de la Russie, les ministères se succédèrent rapidement. Après Armansberg, Rudhart, après Rudhart
Zographos.

Une conspiration ne tarda pas à s'organiser sous
le patronage de la Russie, qui comptait sur l'abdi-
cation du roi, et le 3 septembre 1843, le parti
russe ou *napiste*, s'appuyant sur l'antipathie allemande et les sympathies religieuses, fit une révolution. Aidée des conseils de la France et de l'Angleterre, la nation se donna une constitution. On
vit alors[1], chose triste à dire, mais facile à expliquer par l'état de dénûment du pays, une curée
repoussante des emplois publics : chacun songea
à se caser en repoussant son voisin, et c'est à ce
moment qu'on rendit la loi inique des autochthones,
loi qui rejetait hors de la terre grecque ceux qui
avaient versé leur sang pour elle. « Nous voulions
la Grèce grande, s'écria Coletlis, vous la faites petite. » L'ordre public était tenu par des liens si

---

[1] *On vient d'avoir une seconde représentation de ce triste
spectacle.*

faibles et si mal adaptés aux mœurs, que les passions reparurent comme au lendemain de la lutte et que le désordre fut partout, jusque dans Athènes. Mavrocordatos ne put se soutenir; Colettis lui succéda.

Cette phase de trois années du ministère Colettis est la plus brillante de l'histoire du nouveau royaume, mais aussi celle qui a donné les plus tristes résultats. Colettis, appuyé sur l'influence française, eut le tort de faire de la corruption un moyen de gouvernement et de perpétuer le système centralisateur, inauguré par les Allemands. Son but, et dans ce but est son excuse, était de faire de la Grèce un État assez fort pour se mettre à la tête du mouvement chrétien en Orient : la mort le surprit au milieu de ses projets, en 1847, et la révolution de 1848, qui renversait à Paris les protecteurs de cette politique, détruisit en Grèce les rêves de ceux qui comptaient sur elle. Le but était manqué; il ne restait que l'introduction des moyens qui étaient mauvais.

Depuis cette époque, le roi qui n'avait jamais pardonné au peuple grec la constitution imposée en 1843, parvint à ressaisir par l'intrigue le pouvoir qui lui était échappé. Il s'efforça de discréditer la nation aux yeux de l'Europe pour prouver qu'elle était indigne de se gouverner elle-même.

Athènes est devenu un centre absorbant qui ruine le pays sans qu'il lui profite en rien. Le chiffre élevé de la dette nationale ne permet de rien entreprendre, et l'instruction, dont les Grecs sont avides et qui est plus généralement répandue à Athènes que partout ailleurs, crée chez une nation pauvre une exubérance de forces intellectuelles qui ne trouve à s'utiliser nulle part. Les fonctions publiques sont avidement recherchées, mais comme elles sont mal rétribuées, la tentation doit être grande d'en augmenter le revenu par des moyens peu licites.

De tout cela les journaux ne disent rien ou presque rien, tant ils craignent de compromettre le pays aux yeux de l'étranger, et tant aussi le nombre de ceux qui ont intérêt au mal est grand. Parmi les influences étrangères, la plus désintéressée est l'influence française ; elle est la moins écoutée, justement parce qu'elle est moins passionnée en ses conseils, et on lui en veut de demander le remède à tant de maux. Il suffit, en effet, de faire quelques pas hors de la ville pour être péniblement impressionné par l'abandon et le dénûment dans lequel sont laissées les campagnes. « Si le roi le savait ! » disent naïvement les paysans.

VII

Le roi[1] de Grèce est de la maison de Wittelsbach ; il est né le 1ᵉʳ juin 1815 et a été élu le 7 mai 1852. La reine Amélie est de la maison d'Oldenbourg. Le roi est grand, maigre et légèrement voûté ; on le dit instruit, laborieux, mais lent au travail ; la reine a eu une grande réputation de beauté ; elle est active et aime passionnément l'horticulture et l'agriculture ; son jardin anglais est un trésor d'ombre et de fraîcheur rare à Athènes. Sa ferme, construite à Nuremberg et transportée en Grèce malgré le mauvais état des routes, est une merveille de propreté.

On voit souvent le roi et la reine, dans le jour à cheval, le soir au théâtre ; depuis quelque temps, cependant, le roi sort peu, il souffre de la fièvre, et la surdité, qui est résultée du traitement[2], fait

[1] Lisez : l'ex-roi.
[2] Les derniers événements ont prouvé jusqu'à quel point l'infortuné prince bavarois était sourd.

16

qu'il ne prend aucun plaisir au théâtre, bien que
la musique de Verdi, dont on y abuse, passe pour un
excellent spécifique contre les affections du tympan.

Les anecdotes sur le palais sont nombreuses; il
y en a de fort plaisantes; sans aucun doute, beaucoup sont apocryphes, mais on ne peut nier que
cette petite cour empesée dans son étiquette allemande prête à rire. Pour ma part, je me suis contenté de la voir passer de loin, soulevant sur la
voie sacrée son mince tourbillon de poussière.

— Le gouvernement du roi Othon est constitutionnel de nom; il a sept ministres, et tout d'abord
un ministre de la guerre.

Le roi Othon a formé une armée régulière, et
cela avec un si grand désir de bien faire, qu'il
prend les soldats à l'âge de dix-sept ans, en sorte
qu'aujourd'hui le petit royaume de Grèce a une armée de près de dix mille hommes costumés en
Bavarois et disciplinés à l'allemande. Athènes est
encombrée d'officiers de toutes armes, qui ont fait,
pour la plupart, leur éducation dans les écoles
françaises. Les gendarmes et les gardes-frontières
rendent de grands services : les autres seront peut-
être appelés à en rendre plus tard. Les importations
européennes que l'on peut critiquer dans les institutions de la nouvelle Grèce ne sauraient qu'être
approuvées en ce qui touche l'armée : le shako al-

lemand inspire une grande terreur aux Turcs, et
plusieurs fois pendant la guerre de l'indépendance
les Grecs ont mis leurs ennemis en déroute, rien
qu'en s'affublant de coiffures européennes que leur
avait envoyées le comité anglais. « Votre musique
est arrivée, écrit de Missolonghi lord Byron, au comité; mais des trompettes pour les Grecs, ce sont
des perles devant des pourceaux : les Grecs n'ont
point d'oreille. » Cela est vrai; mais cet envoi fut
plus utile que ne le supposait Byron et résista aussi
bien que les shakos déjà expédiés au terrible *You-
rousk Allah* de la cavalerie turque.

Les meilleurs soldats de l'armée grecque sont
ceux du Parnasse; ils sont sobres et infatigables.
J'ai entendu quelques officiers se plaindre de l'in-
suffisance des rations, de l'incommodité de l'équipement et des exactions des fournisseurs; l'administration militaire a été, je crois, modifiée récemment
et calquée sur le modèle français; et tout le monde
sait que sous le rapport de la discipline administrative nous ne le cédons à personne.

Le ministre de la marine dispose d'une petite
flotte bien organisée, mais dont l'entretien coûte
chaque année une somme qui serait mieux employée
à draguer le port du Pirée pour les navires du
commerce, ou à approprier la rade de Poros au
même usage.

Le ministre de l'intérieur est le moins occupé, le
ministre des finances le plus embarrassé, le ministre des relations extérieures le plus décoré, et le
ministre de l'instruction publique celui qui rend re-
lativement les plus éminents services. L'université
qu'il dirige est divisée en quatre facultés : celles de
philosophie et de sciences physico-mathématiques,
de théologie, de médecine et de droit. Sur une population d'un million deux cent mille âmes, il y a
soixante mille élèves des deux sexes, c'est-à-dire
un vingtième de la population.

— « Quelle amélioration vous semble la plus
urgente? demandait un jour M. Rangavi à M. Se-
nior.

—Celle de nommer premier ministre quelqu'un
de la famille de M. Mac-Adam, » répondit le spirituel Anglais.

Cette réponse résume la situation des travaux
publics dans le royaume hellénique. La Grèce n'a
pas de routes, et par suite pas d'industrie, pas
d'agriculture, pas de commerce intérieur. Le gouvernement a fait venir, au commencement de l'année 1858, un ingénieur français qui reçoit vingt
mille drachmes (un ministre en a dix mille), ac-
compagné d'un conducteur des ponts et chaussées
et d'un certain nombre de cantonniers. Cet ingénieur est employé à aligner les rues d'Athènes et à

réparer les routes dans un étroit rayon autour de la ville.

« Tout cela n'est que bagatelle et *chemin de croix*[1], me disait l'avocat X..., la route de Marathon ferait bien mieux notre affaire. »

Dans l'état présent, il serait, en effet, aussi insensé d'établir une manufacture quelconque au centre de l'Attique qu'à Tombouctou : les filatures de Syra, d'Andros, du Pirée et de Kalamatta prospèrent à cause de l'apport peu dispendieux des matières premières et des débouchés faciles : celle de Sparte est tombée.

La même raison entrave les progrès agricoles.

Le royaume offre une superficie de cinq cent quatre-vingt-quinze myriamètres carrés, dont deux cents sont susceptibles de culture, cent vingt couverts de forêts, et le reste stérile. Sur les deux cents premiers, cent à peu près sont cultivés (faute de cadastre, il est impossible de donner un état certain des terres arables). La condition des petits cultivateurs (ils sont en majorité dans l'Attique et l'Eubée) est aussi misérable que possible : chaque paysan donne à l'État un dixième du produit foncier en nature ; il doit amener sa récolte au chef-lieu de l'éparchie à dos de cheval, par des sentiers

---

[1] *L'ingénieur Daniel reçut en effet la croix du Sauveur peu de temps après cette prédiction.*

affreux : là, il bat son grain à jour fixe et par ordre ; puis il doit graisser la patte au magasinier et au percepteur, sous peine de vexations ; enfin, il retourne chez lui ayant fait une perte considérable de temps et souvent une perte totale de bénéfices : alors il emprunte à un taux exorbitant (quinze, vingt et même trente pour cent), et finit dans la prison pour dettes.

On peut se faire une idée de la fertilité du pays par le rendement du froment, quarante pour un, et de l'incurie du gouvernement par la place qu'occupent encore les marais insalubres. Il serait cependant facile, d'une même opération, d'assainir les endroits mouillés et de fertiliser les plaines desséchées.

Faute d'industrie, les objets manufacturés viennent de l'extérieur, malgré les droits de douane, et le chiffre des importations, *quarante-neuf millions neuf cent soixante-deux mille trois cent dix-sept drachmes*, n'est nullement en rapport avec celui des exportations, *vingt-cinq millions huit cent quatre-vingt-huit mille deux cent quarante-sept drachmes* : ces dernières, pour la plus grande part, se composent de matières premières (raisins secs, vallonnée, miel, vins, tabac, huile d'olives, soies gréges).

Au milieu de ces embarras, toutes les forces

de la nation se rejettent sur le commerce maritime : le royaume compte deux mille sept cents marins et quatre mille navires jaugeant deux cent soixante-dix-sept mille cent vingt-deux tonnes.

La renaissance de la marine grecque date de la fin du siècle dernier. Ce sont les petites îles d'Hydra et de Spetzia qui, les premières, ont donné l'exemple de cette activité surprenante que déploient les Grecs dans la Méditerranée. La Porte recrutait là ses meilleurs marins, malgré le Koran qui défend de confier la défense du trône à des mécréants. De retour dans leurs foyers, ceux-ci, jetés sur un sol ingrat, n'avaient d'autres ressources que de s'embarquer pour le compte de la république de Venise, ou de faire, dans de frêles embarcations, un cabotage peu lucratif, restreint par la piraterie barbaresque.

Quand le monopole des comptoirs du Levant passa des mains des Vénitiens dans celles des Français, le grand maître de Malte vit dans les marins grecs de redoutables concurrents pour les nouveaux venus, et leur offrit, par l'entremise du vicaire de Mycone, de les patenter. Les Hydriotes et les Spetziotes acceptèrent et se mirent à construire un grand nombre de navires appelés *soccolèves*, d'un faible tonnage, mais d'une marche assez rapide pour ne pas craindre les corsaires. Vinrent les disettes d'Espagne et de Portugal, puis la Révolution française qui, paralysant le commerce de Marseille, laissa le champ libre aux Grecs, et fit affluer chez eux les capitaux inactifs du Levant. Le blocus continental mit le comble à leur fortune, et la prospérité de ces deux îles et de leur voisine Ipsara devint telle, qu'au moment de la guerre de 1821 ces trois ports comptaient plus de trois cents navires qu'on put armer en guerre, et que dix familles d'Hydra purent souscrire pour une somme de cinq millions de francs ; la seule famille Condouriottis, pour un million cinq cent mille francs.

Dans ces îles, l'armement se faisait, et se fait encore dans toute la Grèce, d'après un système d'association où capital et travail partagent au même titre dans les bénéfices : on l'appelle *armement à la part.*

En 1850, l'Angleterre, effrayée de la concurrence redoutable que lui faisait la marine grecque dans les eaux du Levant, envoya, sous un mince prétexte, l'amiral Parker mouiller devant le Pirée. Elle demanda, pour dommages éprouvés par des sujets anglais, une indemnité qui ne se montait pas à moins de quatre-vingt mille drachmes, de plus la cession des îles Sapienza. Sur le refus du gouvernement grec, le blocus fut déclaré. La France en obtint la levée moyennant une indemnité de trente-trois mille drachmes. L'Angleterre avait en partie atteint son but ; la capture de deux cents navires, qui ne furent jamais rendus, avait porté au commerce grec un coup dont il n'est pas encore remis.

Le génie commercial des Grecs ne s'en est pas tenu au littoral de la Méditerranée ; il a envahi le monde entier : on trouve les marins grecs partout, à Londres, à Manchester, à Liverpool, jusque dans l'Inde. Nulle part ils n'oublient la mère patrie, et chaque jour Athènes se voit dotée d'un monument qui lui arrive de Vienne, de Pétersbourg, de Londres ou de Calcutta.

VIII

L'une des questions qui préoccupent le plus les
modernes Athéniens, est la question philologique.
Le grec moderne est-il une langue nouvelle? est-il
l'ancienne langue populaire altérée? Comme tous
les idiomes, il a subi de fréquentes modifications
dans les mots, la prononciation, la syntaxe et l'écriture (principalement celle-ci : suppression des
formes antiques de la conjugaison et de la décli-
naison, addition de mots étrangers) ; comme tous
les idiomes aussi, il est le produit du génie populaire, la parole née des habitudes de chaque jour;
mais on peut affirmer qu'il est toujours, à quelques altérations près, l'ancienne langue populaire.

Quand les Phanariotes fondèrent en Valachie les
premières écoles, ils enseignèrent ce qu'on appela
le *mixo-barbaron*, mélange barbare de grec moderne
et de grec ancien. Quelques écrivains protestèrent,
et Coraïs proposa le moyen terme de remplacer par

les mots anciens seulement ce qui faisait défaut au langage moderne. Il ne fut pas écouté, et depuis il s'est créé dans Athènes de nombreux partis de puristes, dont les plus susceptibles veulent remplacer la langue moderne par l'ancienne. C'est une vraie bataille ; chacun s'écrie : « Prenez mon grec ! » chaque écrivain, chaque journal parle sa langue plus ou moins retrempée et imbibée de grec ancien. Un Français[1] s'est écrié avec un noble enthousiasme :
« Le grec moderne tend chaque jour davantage à se rapprocher du grec ancien, et dans quelques années le voyageur jouira presque complétement du plaisir d'entendre résonner à ses oreilles le langage qu'on parlait à Athènes il y a deux mille ans. Jamais, jusqu'à ce jour, un peuple n'a essayé de refaire sa langue, de remonter jusqu'à l'idiome antique de ses pères ; c'est un spectacle qu'il était réservé à la Grèce contemporaine de donner. »

Nous craignons que cette tentative n'ait d'autre résultat que d'amener la confusion. S'imagine-t-on en effet qu'une conspiration de savants aille changer la langue de dix millions d'hommes? Comment? Est-ce en écrivant des traités qui ne peuvent être lus que par un petit nombre? Est-ce en s'amusant, dans le silence du cabinet, au travail de marqueterie

[1] M. Ampère.

qui consiste à remplacer par *idor*, eau, le mot plus usité *nero* qui, entre parenthèses, est plus ancien, en forgeant à la place du mot turc qui dit poudre un mot prétentieux qui ne dit rien, etc., etc.? Non. La langue vraie, c'est celle du paysan, du pâtre et du matelot. C'est celle-là qu'il fallait prendre, classer et enseigner. Ah! certes, Molière eût beaucoup ri de ces billevesées. Les hommes sensés de la Grèce se contentent d'en gémir, car pendant ce temps on néglige d'instruire le peuple.

Il est du reste plaisant de voir quelles odes saphiques, quels poëmes ampoulés, vides de sens et d'inspiration, font ces savants si préoccupés de la forme. Il est curieux de comparer leurs œuvres à cette merveilleuse poésie populaire que nous ont fait connaître Fauriel et Marcellus. « Nous n'écrivons pas pour les cabarets, » nous disait M. Soutzos. C'est un tort. Le séjour en est charmant de ces cabarets, et quand mousse le café et que chante le narghiléh, c'est plaisir d'entendre dire un de ces hymnes aux couleurs vivantes et heurtées. Ils ont le vrai sens poétique, ces cabarets, celui qui se puise dans l'intime amour de la nature, et il n'est besoin ni de fouiller ses souvenirs ni d'ouvrir le dictionnaire pour savoir qui ils ont voulu imiter et ce qu'ils veulent dire. Leur moindre petite chanson vaut mieux que tout le pathos de cette érudition abîmée dans les dissertations philologiques et oublieuse des besoins les plus pressants de cette époque.

Voici un de ces chants recueilli « dans un cabaret » entre le récit dramatique du marin et l'épopée sanglante du héros de l'indépendance.

> Rigi pleure, Rigi pleure ainsi que la tourterelle ;
> Rigi se lamente comme la perdrix.
> Yachos lui dit : « Fille blanche comme la neige,
> Douce.comme la pastèque, dis–moi ta peine.
>
> — Je cherche, Yachos, et je ne trouve pas
> La plante qui rend immortel. »
> Yachos va à la montagne et il revient.
> « Rigi, je te baise les yeux, voici la plante. »
>
> Rigi porte la plante à ses lèvres ;
> Mais Rigi pleure ainsi que la tourterelle ;
> Rigi se lamente comme la perdrix.
> « Ce n'est pas la plante qui rend immortel,
> Yachos! c'est la plante d'amour, que tu m'as donnée.
>
> — Pourquoi pleurer, Rigi? La plante d'amour
> N'est–elle pas celle qui rend immortel? »
> Rigi sèche ses larmes, et ils vont ensemble à l'église.

Dans tous ces poëmes, chants d'amour et de danse, chants nuptiaux, légendes, chants de la montagne et de la plaine, chants du klephte ou du laboureur, on sent tous les battements de cœur du peuple, sa mélancolique sérénité pendant la servitude, son ardeur au combat, sa joie après la victoire. Je viens de citer une de ces chansons gracieuses écloses au printemps; je ne donnerai aucun des chants héroïques que tout le monde connaît, mais une élégie que j'ai entendue dans un café de Bournabat (Asie Mineure) et que j'ai retrouvée depuis, avec quelques variantes, dans l'excellent livre de mon ami Marino Vretos : *Les contes et poëmes de la Grèce moderne*.

Toutes les fois qu'il passait devant sa fenêtre, il s'arrêtait. Elle voulait se retirer, mais elle ne pouvait. Son regard la rivait à la croisée; et, lorsque son cheval avait disparu, lorsque la poussière qu'il avait soulevée était tombée, lorsque la nuit avait recouvert la terre, elle le voyait encore.

Un jour il lui demanda : « M'aimes-tu? — Je ne sais si je t'aime; mais quand je baisse les yeux je te vois, quand je les lève je te vois, quand je les ferme je te vois encore. »

Un autre jour il lui dit : « Donne-moi un baiser. Quel est le champ ensemencé qui ne donne pas de récolte? Quelle est la fille dans le cœur de laquelle on a semé de l'amour dont les lèvres ne rendent pas un baiser? »

Mais ses frères la virent, et quand il fut parti, ils la tuèrent.

Le lendemain il revint joyeux, il avait revêtu son talaganis le plus fin, il avait ses plus belles armes, et aussi le kandjar à la lame d'or pris aux Turcs.

En approchant de la maison, il entendit un chant de mort, et son cheval hérissa sa crinière :

« Pour qui est cette croix? Pour qui ce chant de mort?

— Pour celle qui t'aimait et que ton amour a tuée. »

Il porta la main à son kandjar et se l'enfonça dans la poitrine.

Dans la même fosse on mit les deux cadavres; sur cette fosse poussèrent un chaume et un cyprès : le chaume se pencha, le cyprès se pencha; aujourd'hui les branches du cyprès couvrent le chaume.

Dans le langage populaire, les poëtes les plus célèbres sont Rhigas, le fondateur de l'hétairie, Christopoulos, le comte Solomos de Zante et Valaoritis. Parmi les puristes : Panaïos et Alex. Soutzos, Rangavi, Orphanidis, Zalacostas et Rizos Neroulos.

Depuis le célèbre archevêque de Cherson, Eugène Bulgaris, qui vivait au dix-huitième siècle et de qui date la renaissance de la littérature grecque, les hommes supérieurs n'ont pas manqué. Dans la théologie : Parmakidis et Œconomos. Dans les études historiques : Perrebos, Philimon, Neroulos, Soutzos et Papparigopoulos. Pour les sciences : Philippidis, Dukas et Constantas. Dans la philologie : Coraïs, Asopios, Yauvas et Vretos.

Athènes compte quatre sociétés savantes, vingt-quatre imprimeries, cinquante presses et plus de trente journaux et revues dont les principaux sont : *le Siècle, la Minerve, le Grec, la Pandore, l'Espérance* et *l'Aurore.* La bibliothèque de l'université, due aux soins de M. Typaldos, est très-complète, et celle de la chambre des députés s'enrichit chaque jour, grâce à son excellent bibliothécaire M. Terzettis, un poëte aussi et des meilleurs et de la vraie langue grecque. En dehors du travail journalier de la presse, il se produit cependant peu de chose.

Le journalisme se fait à l'imitation du journalisme français, c'est-à-dire que le journal représente un parti et accommode les événements au goût de ce parti. Il n'y a pas comme en Angleterre de gazette qui soit le journal de tout le monde, où chacun puisse écrire librement, sans souci des opinions du rédacteur. Le gouvernement grec a tenté de créer une sorte d'organe infaillible, appelé *le Moniteur grec*, mais cette importation n'a pas réussi.

IX

On retrouve partout en Grèce des réminiscences
païennes, dans les cérémonies nuptiales ou funè-
bres et jusque dans les usages les plus humbles de
la famille. Caron intervient à chaque instant dans
les chants populaires et le dieu des jardins préside
toujours aux plantations, mais il est impossible de
trouver dans les réjouissances du carnaval rien de
la gaieté antique. Le carnaval d'Athènes n'est pas
autre que celui des boulevards de Paris; la seule
différence est que ces tranquilles saturnales se
font sans la surveillance de la police. Quant aux
bals publics qui accompagnent ces fêtes, la comparaison est tout à l'avantage des Parisiens. Je n'ai
rien vu de plus lugubre que le bal masqué du théâtre
royal; il y avait bien là, mêlé à quelques rares
masques autochthones, deux matelots anglais qui
gigottaient à perdre haleine; mais ces Anglais sont
tellement égoïstes que rien de leur joie intérieure

ne transpire sur les muscles impassibles de leur physionomie. La présence d'un seul Français eût bien changé tout cela. Je me souviens avoir vu deux de mes compatriotes faire faire à une grave assemblée de Néerlandais des cabrioles qu'ils durent sincèrement regretter le lendemain, mais à l'électricité desquelles ils ne purent résister dans le moment.

Le carnaval ne commence à s'égayer à Athènes qu'au moment de sa mort, le premier jour du carême. Chaque année le clergé condamne cette fête, mais chaque année elle se fait malgré condamnation. Elle se tient dans un des plus beaux lieux du monde, entre le Stade et l'Arc d'Adrien, au pied du temple de Jupiter Olympien, en face de l'Acropole. Les longs replis de la chaine des danseurs se déroulent au bruit de la lyre et du tambour, et après la danse on inaugure le carême par un maigre repas d'olives, de caviar et de grains de maïs grillés. Ce jeûne, que les Grecs observent avec scrupule, fait honneur à la solidité de leur estomac et à la fermeté de leurs croyances.

Quelque peu éclairées, du reste, que soient ces dernières, elles sont imposantes dans leurs manifestations et rien n'est plus solennel que la résurrection du Christ, le dernier acte du grand drame chrétien, représenté en plein air à la lueur des flambeaux. Bien loin des exhibitions somptueuses du catholicisme, ce spectacle n'est beau et saisissant que par l'attitude du peuple, attiré là non par une curiosité frivole, mais par la ferveur de la foi.

Il ne faut pas oublier qu'en Grèce l'idée religieuse est liée à l'idée politique, que c'est derrière la croix que s'est levée l'insurrection, et que c'est par elle qu'elle a vaincu. Malheureusement cette religion est ignorante au suprême degré.

« Tant que les Turcs auront un pied en Europe, me disait l'archimandrite D..., nous ne combattrons ni l'ignorance du clergé ni la superstition du peuple. Nous craindrions d'affaiblir la religion en la purgeant. »

Si le clergé de la Grèce libre voulait cependant prendre un sage parti il effacerait de la Constitution cet article: *La religion orthodoxe est la religion dominante : toutes les autres religions sont tolérées, mais le prosélytisme et toute opposition à la religion dominante sont défendus.*

Mais il n'entend pas réforme sur cet article pas plus que sur le suivant : (Art. 37.) *Il faut que le successeur au trône soit de la religion orthodoxe.* Aussi, quand au mois de mars 1858 débarqua le prince Adalbert de Bavière, ce fut une ardente polémique dans tous les journaux, et voici pourquoi : depuis la renonciation de son frère Luitpold, le prince Adalbert, dernier frère du roi Othon, a droit à la succession royale en Grèce, pourvu qu'il veuille changer de religion.

La Grèce veut un roi orthodoxe : elle a ses raisons, et je ne les discuterai pas. Bien que les négociations pour garantir l'indépendance du nouveau royaume n'aient pas duré moins de quatre années, et que pendant ces quatre années on ait tout discuté, tout soupesé avec un extrême scrupule, on a négligé cette importante question; faute d'un protocole, toutes les combinaisons si longuement méditées peuvent être demain réduites à néant par l'article 40 de la Constitution qui laisse la nation libre de choisir son souverain si les princes de Bavière ne souscrivent pas aux conditions imposées par l'article 37. Le roi de Bavière en acceptant pour son fils, avait bien promis qu'il serait baptisé selon le rite orthodoxe au moment de son avénement, mais cette promesse non inscrite au traité, fut seulement communiquée aux trois puissances signataires de l'acte de 1832. La Grèce garda donc son roi catholique jusqu'en 1843, époque à laquelle la Constitution s'empressa de promulguer l'article 37.

Le roi consentit pour ses enfants et fit des réserves à l'égard de ses frères. La Russie, l'Angleterre et la France reconnurent, en 1852, l'obligation imposée à l'héritier du trône, mais la question n'en était pas plus avancée. Luitpold renonçait, et le prince Adalbert qui a fait baptiser son fils selon le rite romain, ne semble pas pressé de se convertir à la foi orientale. La reine, qui désire l'avénement de quelqu'un des siens, voit sans déplaisir l'impopularité que cette hésitation fait aux princes de Bavière. En ces dernières années on a mis en avant un autre concurrent, le prince de Leuchtemberg, parent de la famille impériale des Napoléon ainsi que des maisons de Bavière et de Russie. De la part du prince il n'y a eu aucun signe manifeste de prétentions royales, mais ses partisans, qui vont vite, le marient déjà à une princesse d'Angleterre, et voient dans ce candidat apparenté chez tous les protecteurs de la Grèce, un gage indubitable de bonne entente avec tout le monde[1].

Le prince Adalbert de Bavière a fait à Athènes un assez long séjour : c'est un fils de la blonde Allemagne, grand, gros, d'apparence lymphatique. Il a assisté aux fêtes de Nauplie qui célébraient l'anniversaire de l'avénement de son frère, et aux fêtes d'Athènes qui célébraient celui de la proclamation de la liberté. L'enthousiasme était grand,

---

[1] On sait, par les événements récents, que ce candidat a dû être écarté, et que, moins heureuses que l'Angleterre, la Russie et la France n'ont vu qu'un petit nombre de citoyens se prononcer contre le protocole qui n'autorisait pas l'élection d'un prince des nations protectrices.

car le roi jouissait alors d'une véritable popularité, que lui avait faite la guerre de 1854.

On se rappelle qu'à cette époque, après les soulèvements partiels de l'Albanie et de l'Épire, le mouvement insurrectionnel gagna Athènes et que le roi fit, bien que tardivement, cause commune avec son peuple, au risque de perdre sa couronne. « C'est une diversion fomentée par l'argent russe, disaient les notes diplomatiques ; les Grecs ne sont que les instruments de la Russie. » Les notes avaient tort et raison : elles avaient tort, parce qu'une partie du mouvement était nationale ; elles avaient raison, en ce sens que, quel que soit leur bon droit, c'est le propre des gens faibles de s'appuyer sur quelqu'un ; au résumé, elles devaient avoir raison aux yeux de la France et de l'Angleterre, puisque ces deux nations s'étaient éprises d'un bel amour pour la gent turque, amour qui, comme tous, a eu son lendemain. Enfin, on fulmina contre ces pauvres gens qui n'en pouvaient mais, et on envoya un corps d'occupation au Pirée. La conduite du roi fut, il faut le reconnaître, on ne peut pas plus digne en ces tristes circonstances, et elle lui attira les sympathies du peuple.

Je n'ai pu voir les fêtes de Nauplie, mais j'ai été témoin de celles d'Athènes. Je ne parlerai ni des arcs de triomphe, ni des allégories, ni de tout ce bagage d'ingéniosités fait à la détrempe, qui, de nos jours, forme par le monde entier le matériel de ces réjouissances, mais de l'émotion qui traduisait le patriotisme de cette foule attentive venue de toutes parts : villages et champs avaient été abandonnés : des routes de Thèbes, d'Éleusis et de Marathon, des équipages de forme bizarre, garnis de myrtes et de rhododendrons, arrivaient, jetant sur la place des tribus entières, depuis l'aïeul jusqu'au *bambino*. J'ai vu des manifestations plus bruyantes, mais jamais un hommage aussi grand, aussi austère, et surtout aussi pieux, rendu à la liberté.

Après deux jours, les réjouissances se terminèrent par un bal municipal donné dans la salle du théâtre. J'avais entendu applaudir la veille même dans cette salle la comédie : *les Précieuses ridicules*. Le spectacle n'avait pas changé, seulement les acteurs étaient plus nombreux.

A propos de Molière et du théâtre grec, c'est une idée excellente qu'on doit à M. Rangavi de représenter des traductions de notre grand poëte, à défaut d'œuvres nationales. Chaque soir, la salle était comble, et ce serait, outre une bonne œuvre, une excellente spéculation de construire un théâtre *ad hoc*, car la salle actuelle est occupée tout l'hiver par une troupe italienne.

En 1858, cette troupe était assez médiocre ; on

l'applaudissait et on la couvrait de fleurs à la manière italienne ; les spectateurs se visitaient aussi
à l'italienne, et c'était un des charmes de ces soirées: non pas le seul, car je me souviens que j'ap-
préciais fort ce pauvre filet de musique, que j'ai
acclamé plus d'une fois Mlle Teresa Gori, qui était,
il est vrai, charmante, et que j'ai dit à Mlle Demoro
qu'elle avait du talent. Que la Frezzolini me par-
donne !

X

Demandez à un Athénien s'il y a des brigands en Grèce, il ne vous répondra ni oui ni non; il vous dira comme Lassagne : « Il y en a et il n'y en a pas, » c'est-à-dire qu'il y en a sans y en avoir. Dans l'Attique, il y a des brigands, non pas toujours, mais souvent.

Malgré cela, nous avons parcouru le pays sans aucun accident. Une des grandes distractions de la vie athénienne est la promenade à cheval, et pour nos chevauchées, nous choisissions le plus souvent la route de Thèbes. On suit, en sortant de la ville, le bois sacré que traversait la théorie d'Éleusis, et en quelques minutes on atteint Daphné. Ce lieu est des plus agréables pendant la chaleur de midi, et, de la colline ombragée de pins qui le domine, on peut se livrer aux réflexions les plus profondes sur l'inconstance des choses humaines, car à deux pas de là s'élève une abbaye de style byzantin, greffée sur une construction latine entée elle-même sur des fondations helléniques. M. Buchon a fait dans l'intérieur de cette abbaye, qui était le Saint-Denis de la famille de la Roche, les plus précieuses découvertes pour son histoire des ducs français d'Athènes.

A un kilomètre plus loin est la plage de Scaramanga, d'où s'arrondit la baie d'Éleusis, que les montagnes ferment comme un lac. L'aspect de cette nappe bleue est féerique, alors que les dernières clartés du soleil luttent contre les premières ombres du soir, et que toutes les couleurs et toutes les formes prennent cet air douteux qui livre l'espace à notre imagination.

Les vieux bois de myrtes qui s'inclinent vers la mer ne résonnent plus du bruit du tympanum, mais on entend toujours à cette heure comme des soupirs dans le feuillage. Le christianisme n'a pas tout à fait mis en fuite les hôtes sylvestres de la mythologie.

J'ai lu dans un livre sur la métempsycose que les âmes des philosophes allaient souvent habiter le corps des hérons. Il y a là, sur le bord d'un lac salé, un héron blanc qui doit être un vieux sceptique. Chaque fois que je passais sur le bord de ce lac, j'envoyais une balle dans son étroite carcasse, mais chaque fois il s'envolait en riant. Cet étrange

oiseau est le seul être vivant en cette plaine éteinte
qui va jusqu'à Éleusis.

Nous eûmes dans ce village la chance heureuse
de tomber un jour au milieu d'une noce albanaise :
la rue était encombrée ; les terrasses, les lucarnes,
les corniches des maisons étaient garnies de curieux.
Il fallut boire avec toute la noce, et servir de point
de mire à cette population ébahie.

Une habitude des jeunes filles albanaises est de
porter leur fortune enfilée en pièces d'or autour
de la tête. Ce singulier usage fait que les maris ne
sont jamais trompés, pécuniairement parlant.

Un matin que nous étions venus à Scaramanga,
au lieu de tourner du côté d'Éleusis, nous suivîmes
les contours de la baie jusqu'au Pirée. Dunoyer eut
besoin de toute sa science d'écuyer pour contenir
l'enthousiasme de son cheval, et notre ami Typaldos, de toute son éloquente causerie pour nous
distraire des rayons ardents qui dardaient sur nos
têtes. Nous étions aux premiers jours du printemps ;
sous la chaude et transparente lumière, tout bour-
geonnait et fleurissait joyeusement.

J'ai dit, je crois, en commençant ce récit, *ce village* en parlant du Pirée ; je m'en aperçois à temps,
bien heureusement, et je fais mes humbles excuses
à ses habitants. Le Pirée est une ville ; il y a des
trottoirs, des réverbères, des hôtels, des cafés,

d'élégantes boutiques de pâtisseries, peintes à frais à l'italienne en couleurs réjouissantes, des messieurs en habit noir et des mesdames en chapeau. Ainsi donc le Pirée est une ville, et ne pas le reconnaître serait une ingratitude de ma part, car vraiment ce jour-là elle nous fit une entrée triomphale. Toute la rade était pavoisée, et il y avait bien environ quinze gamins qui couraient devant nos chevaux ; les jeunes filles étaient aux fenêtres, et dans l'air printanier voltigeaient, semblables à des libellules, bien des *sonetti d'amore*.

« Il fait bien chaud aujourd'hui. » Tel était le refrain qu'on entendait de tous côtés ; il fit tellement chaud, en effet, que le lendemain la terre en trembla. Je n'oublierai jamais ce moment critique : nous étions à table, je vis mon vis-à-vis monter, redescendre, puis remonter encore, en faisant force signes de croix : *Terremoto ! terremoto !* criaient les garçons en s'enfuyant.

Il n'y eut à l'hôtel d'Orient qu'un peu de sauce répandue sur la table ; mais à Corinthe, la ville fut en partie détruite.

XI

La promenade que préfèrent les Anglais est celle
du Pentélique. Ils enfourchent, pour cette ascension, des chevaux de louage, et traversent la plaine
en se soulevant sur les étriers avec cette élégance
mécanique qu'on leur connait. Un agoyate (loueur
de chevaux et cicerone) les précède chargé de vivres.
Arrivés au pied des célèbres carrières, d'où l'œil
embrasse l'horizon de Marathon à Salamine, ils
font sauter les bouchons. Ἐν οἴνῳ ἀλήθεια, dit le proverbe grec. Les Grecs sont sobres et ne cherchent
pas la vérité ; les Anglais ne l'ont pas encore trou-
vée ; ils gagnent à cette recherche de terribles coups
de soleil ; mais un fils de l'Angleterre ne transige
jamais avec ses principes : s'il meurt, un autre
achève son verre.

— L'ascension de l'Hymette est plus facile. Le miel
de l'Hymette est toujours en grande réputation ; les
fleurs du rhododendron et le suc du païka lui don-

nent un parfum et une saveur qui le font préférer même au miel de Cythéron. On le récolte à Kaissariani, dans un ancien couvent. Du sommet de la montagne, la vue s'étend jusqu'à Sunium. «*Bienheureux sont les sommets qui voient la mer aux vagues blanchissantes.*»

J'ai conservé de cet étroit plateau un souvenir particulièrement intime. Par une froide matinée de janvier, je trouvai là, enfouie sous la neige, une tortue que longtemps nous avons gardée dans notre appartement, en compagnie d'un mouton. Le mouton gambadait et sautait jusque dans la salle où il devait être un jour mangé; mais la tortue dépérissait et jetait souvent un regard humide vers la campagne. Le mouton est une stupide bête qui n'a aucun souci de la liberté, mais la tortue n'aime pas l'esclavage. Nous n'eûmes jamais le courage de l'accommoder aux épices, et nous lui rendîmes sa liberté quand le printemps fut revenu.

Mais, hélas! ce confiant animal a un terrible ennemi dans l'aigle, et nous avions à peine fait quelques pas, qu'un d'eux se saisit de l'infortunée, l'éleva très-haut dans ses serres et la laissa retomber rudement sur les rochers.

C'est un délassement qu'on se donne aisément à

Athènes de tuer quelques-unes de ces méchantes bêtes, les aigles. On achète une vieille carcasse de bœuf ou de cheval qu'on dépose la nuit sur un rocher, et le lendemain, au jour, on assomme ces carnivores repus de sang.

XII

Il est d'usage dans toute la chrétienté orientale de manger un agneau le jour de Pâques. Quand vint ce jour, nous choisîmes le petit village de Kephissia, qui est le Saint-Germain ou le Sorrento des Athéniens, et nous partîmes de grand matin avec la victime achetée au marché d'Athènes.

Dimitri prépara le mouton à la manière des Pallikares. Le repas fut long et joyeux ; chacun se récria sur l'excellence des *koukouretzee* (entrailles grillées autour d'une baguette de fusil), et après avoir bu copieusement, nous descendîmes à la grotte des Nymphes, lançant à l'écho les derniers toasts.

La nature a paré ce village de Kephissia de tous les charmes, et les hommes ont enchâssé dans son abondante verdure de petites villas, les plus gracieuses du monde...... le souvenir de cette journée pascale me revient souvent à la mémoire, et il occupe dans ma pensée une des meilleures places.

Depuis j'y suis revenu, mais tout avait perdu cette teinte bleuâtre qui m'avait tant séduit ; il est vrai que j'avais laissé à Smyrne une paire de lunettes que je n'ai jamais pu remplacer depuis, et que si la soirée passée chez Mme Tissamenos fut charmante, la nuit à l'hôtel fut horrible. L'affreux insecte, *cimex lectuarius*, était là en si grand nombre qu'on le voyait descendre le long des murs en longues caravanes.

« Voilà qui est singulier, me dit mon hôte le lendemain, M. le ministre de Russie et Mme Ozroff ne s'en sont pas plaints. »

J'ai su depuis d'un naturaliste qu'il y avait quarante-trois espèces de punaises qui professent des opinions différentes. Celles-là étaient sans doute du parti *napiste*.

XIII

Peu de jours après mon arrivée à Athènes, nous avions formé le projet de visiter l'hexastyle célèbre de Sunium, mais l'hiver s'annonçait d'une façon rigoureuse. Depuis le mois de novembre le vent du nord ne cessait de souffler, et la neige couvrait la terre. Yannis nous conseilla d'envoyer des chevaux à Keratia et de nous faire conduire jusque-là en voiture, ce qui, en vingt-quatre heures, nous permettrait de faire le voyage, aller et retour. Le 12 décembre, il fut décidé avec Georges Typaldos que nous partirions le lendemain soir à la sortie du théâtre. En effet, quand la *Traviata* eut battu son dernier trille et rendu son dernier soupir, chacun de nous, roulé dans son manteau, se tapit dans un coin de la voiture, en murmurant un des refrains élégiaques du maestro. Jamais encore il n'avait fait une nuit aussi froide et aussi triste. Des hauteurs du Parnès, le vent balayait la neige en rafales glacées, et les réverbères de la rue d'Éole balançaient leurs timides lueurs en gémissant.

Nous ne tardâmes pas à quitter la route pour les champs ; à chaque gué, à chaque cahot nous déplorions l'absence des ponts et chaussées, et force nous fut plusieurs fois de descendre pour faciliter le tirage aux deux maigres haridelles. Enfin le soleil se leva entre l'Hymette et le Pentélique, mais il but la neige et détrempa le terrain, en sorte que moitié en voiture, moitié à pied, nous ne gagnâmes qu'à grand'peine Keratia.

Keratia est un gros bourg placé dans une position pittoresque sous la double corne d'une montagne.

La salle basse où nous entrâmes pour nous reposer pendant qu'on sellait les chevaux offrait un singulier mélange de malpropreté et de grandeur. Sur des bancs vermoulus les paysans se tenaient immobiles et graves ; deux jeunes filles aux traits réguliers étalaient devant eux un repas modeste. On ne saurait imaginer l'allure majestueuse et le grand air de tout ce monde, et devant ce spectacle, on est tenté d'excuser sinon de comprendre le style ampoulé de Pouqueville et les phrases sonores de M. de Chateaubriand.

En quittant Keratia on suit la déclivité de la montagne jusqu'à un plateau boisé de pins et de tamaris. De la mer qui remplit l'horizon surgissent les iles d'Hélène, de Ceos, de Cythnos et de Scriphos. C'est dans la première que pousse l'*helianthemum*, formé des larmes d'Hélène; la fleur est si belle que tout porte à croire que les larmes de la fugitive princesse étaient des larmes de joie. Ceos est la moderne Zea, riche en vins, Cythnos a des eaux thermales et Seriphos jouit d'une grande réputation pour la culture des oignons.

On arrive de là, en descendant, à la plage de Porto-Mandri où des assises de forme pentagonale et de deux ou trois fûts de colonnes témoignent d'un temple, dernier vestige de Thoricos, une des douze cités ioniennes.

De là au Laurium on côtoie la mer à travers un terrain marécageux, coupé çà et là de bouquets de lauriers-roses qui exhalent un forte odeur de romantisme. Aussi quand on arrive au sommet qui voit le temple Sunium, on se sent pris comme d'une sorte de vertige.

L'agoyate qui nous servait de cicerone ne savait pas positivement si à Sunium on adorait Neptune ou Minerve; je n'en sais rien non plus, et les archéologues n'en savent pas davantage. Ce qu'il y a de certain, c'est qu'un berger assis au milieu des ruines adressait à Vénus une lente et grave mélopée, et que si sa voix était fausse, le sentiment qui la guidait était vrai.

Le jour était déjà très-avancé quand nous revînmes, et pour raccourcir la route notre guide nous
mena à travers un épais taillis. Après deux heures
de marche dans des sentiers tortueux, nous revîmes
Keratia. Notre voiturier nous attendait très-patiem-
ment *en causant politique*, car la venue d'un Athénien est une bonne fortune pour les gens de ce pays,
qui n'ont ni chemin de communication ni service
de poste, et vivent en complète ignorance des événements de la capitale. Quand nous partîmes, ils
nous envoyèrent les souhaits les plus sympathiques
pour notre voyage, qui ne se termina qu'à une
heure avancée de la nuit, après vingt-quatre heures
de fatigue.

XIV

Au retour d'un voyage en Turquie à la fin de l'été
de 1858, je fis encore un séjour à Athènes, et au
mois d'août je m'embarquai pour la France sur le
Cydnus.

La peste était à cette époque à Bengazi, et le *Cydnus* avait pris des passagers d'un bateau qui en avait
touché un autre venant de Bengazi. C'était plus
qu'il n'en fallait pour éveiller la barbare suscep-
tibilité de la quarantaine. Je fus donc forcé de
serrer la main à Dunoyer avant de toucher le bateau suspect et de gagner Marseille avec la triste
prévision de faire au lazaret du Frioul une station
de quelques jours. Il n'en fut rien heureusement.

Pendant cette traversée on tua le temps le plus
agréablement possible entre pestiférés. La compagnie était fort gaie, les femmes étaient nombreuses
et les causeries longues en ces nuits d'août pleines
d'étoiles.

Je me réunissais souvent à une famille anglaise qui revenait de Smyrne. Cette famille était composée d'un père, marchand d'opium, d'une mère, qui avait dépassé le quarantième chant de son odyssée et de deux jeunes filles d'une beauté ravissante, blondes et roses comme les veut l'Angleterre, indolentes comme les fait le climat asiatique. Avec cette famille voyageait une sorte de maëstro sicilien, professeur de chant et de piano.

« Que pensez-vous des Grecs? me dit un soir le marchand d'opium.

—Que c'est, au milieu de la torpeur orientale, le seul peuple qui pense, parle, vive et marche.

— Et des Athéniens en particulier?

—On ne peut émettre aucun jugement sur la société athénienne. Cette société n'est pas en pleine possession d'elle-même : elle n'est ni européenne ni orientale. Si le premier élément domine, la Grèce sera unitaire et aura Constantinople pour capitale. Si le second au contraire l'emporte, elle sera fédérative comme l'esprit démocratique du peuple le désire et comme sa configuration géographique l'indique.

— Dans la société athénienne cependant les mœurs européennes dominent.

—Oui, notre civilisation y est établie, mais sans ses nuances de délicatesse, de critique et de point d'honneur : elles font défaut aux habitudes des Grecs comme les intonations particulières de notre idiome au français qu'ils parlent. On peut cependant dire, quoi qu'il arrive, que l'avenir est aux Grecs dans tout l'Orient.

— Sans aucun doute, mais un avenir peut-être très-éloigné, car ils ont le grand défaut de raisonner tout, de calculer tout et de ne rien livrer à l'aventure. Ils sont trop sages ou ils ne le sont pas assez, et c'est quelquefois une preuve de sagesse de savoir être fou à propos.

— Comme c'est une folie de vouloir toujours être sage, répliqua le professeur sicilien en lançant un regard intrépide du côté des dames.

—Oh! yes, » soupira la femme du marchand d'opium.

L'ATHOS

LES MOINES BYZANTINS

— 1858 —

I

A l'extrémité de la péninsule Chalcidique, entre Orfano et le cap Felice, s'élève au-dessus de la mer une montagne, connue chez les anciens sous le nom d'*Athos*, et appelée depuis Αγιονορος ou *Monte-Santo*, à cause de sa population exclusivement composée de religieux. Ces religieux qui, sous les empereurs byzantins, ont contribué au mouvement des lettres et des arts qui prépara la Renaissance, possèdent encore aujourd'hui de riches bibliothèques et une école de peinture.

J'avais formé, pendant mon séjour en Grèce, le projet de visiter leurs couvents, et, le 7 mai 1858, après m'être muni à Constantinople de lettres patriarcales, sans lesquelles on court le risque d'être mal accueilli des moines, je quittai Pera avec mon ami Schranz et le drogman Voulgaris. Schranz devait m'aider à reproduire les peintures par la photographie; Voulgaris se chargeait de la linguistique et de la cuisine. Notre projet était de toucher à Salonique, et de là de gagner l'Athos par terre.

Le 10 nous entrions dans le golfe Thermaïque, et le lendemain nous doublions la pointe de Kara-Bournou.

Derrière cette pointe, au fond d'une large baie paisible comme un lac, Salonique[1], ceinte d'un cordon de murs bastionnés, s'étage en amphithéâtre sur les flancs arides du Cortiah. Cette ville, déchue de sa splendeur, a un air de coquetterie surannée assez étrange; ses maisons décrépites, ridées et replâtrées, semblent se pencher complaisamment pour refléter leur image dans la mer; agaceries perdues, car, à part quelques vieux courtisans qui

---

[1] Salonique, ancienne Thermès ou Thessalonique. Philippe avait donné le nom de Thessalonique à sa fille en mémoire d'une victoire remportée sur les Thessaliens (θεσσαλός, Thessaliens; νίκη, victoire), et Cassandre, gendre de Philippe, fit donner le nom de sa femme à la ville de Thermès.

viennent là par habitude chercher les soies de
Serrès et le tabac de *Yenidjé*, la rade est vide. Nulle
part le proverbe grec : *Là où l'Osmanli met le pied,
la terre devient stérile*, ne trouverait une application
plus juste. Le sol est sans culture, coupé de flaques
d'eaux croupissantes, l'air chargé de miasmes pu-
trides. Aussi, pendant les chaleurs de l'été, un
grand nombre des habitants, fuyant les fièvres, se
retirent à l'ouest de la ville dans un faubourg appelé Kalameria (beaux lieux). A l'occident, en effet,
de joyeuses touffes de platanes, groupées selon le
caprice des pentes, dessinent le cours du Vardar
et respirent la vie, tandis qu'au levant de maigres
cyprès cachent mal les cimetières, ce qui indique
bien clairement que c'est de ce côté que vient et
que va la mort.

La ville est partagée en deux par une rue qui
s'étend de l'est à l'ouest, parallèlement à la mer.
Cette rue est grande, régulière, bordée de boutiques à auvents, et terminée à chacune de ses extrémités par un arc de triomphe. C'est là l'endroit
vivant, le quartier animé de la ville ; ailleurs le
silence est complet, les rues sont désertes, étroites
et taillées à pic dans le roc. On ne s'explique cette
préférence pour la ville basse que par la difficulté
d'atteindre les quartiers hauts; car les immondices
entraînées par la pente naturelle font de la pre-

mière un véritable égoût, et il n'est rien de plus sale que cette large rue et le bazar qui l'avoisine, si ce n'est la population qui l'anime. Cette population est en grande partie composée de juifs. « Le grand nombre de juifs, dit naïvement Hadji-Kalfa [1], est une tache pour la ville, mais le profit que l'on retire de leur commerce fait fermer les yeux aux vrais croyants. »

Au milieu des Bulgares et des Grecs, confondus par un costume noir comme un vêtement de deuil, on reconnaît les juifs à leur coiffure faite d'un mouchoir de coton roulé en turban, à leur veste bordée de fourrures, et surtout à ce nez proéminent qu'ils ont conservé sous toutes les latitudes: Leurs femmes ont un accoutrement qui rappelle les modes du Directoire : un diadème en carton, recouvert de métal et serré sous la mâchoire par une étoffe légère, leur cache complétement les cheveux, fait saillir les joues et ressortir la pâleur mate de leur visage. Une robe de laine frangée à dents de scie, retenue sous les reins par une ceinture agrafée d'or, accuse les formes et laisse voir les pieds chaussés de babouches ou de brodequins lacés.

----

[1] *Hadji-Kalfa,* savant Turc de Constantinople, grand trésorier d'Amurat IV, a publié de nombreux ouvrages, entre autres une *Géographie* et une *Histoire de Constantinople.*

En butte au mépris de tous, hommes et femmes
ont cet air inquiet qu'imprime la persécution.

. . . .

Un hasard heureux nous avait fait arriver à Salonique le jour où les bergers descendent de la montagne pour se louer pendant le temps de la moisson :
le bazar en était encombré. Je dis « un hasard
heureux » car nous profitâmes de cette foule pour
perdre deux ministres anglicans qui, depuis le
bateau, nous entretenaient du mystère de l'incar-
nation, et nous nous mîmes à la recherche des
mosquées.

. . . .

Salonique, qui compte au plus soixante mille
habitants, n'a pas moins de trente-sept mosquées,
parmi lesquelles on reconnaît dix anciennes basiliques appropriées au culte musulman par l'adjonc-
tion de minarets et de portiques sarrasins. Un juif,
qui tenait comptoir de *saraf* (banquier) au coin
d'une rue, consentit à nous servir de guide, et nous
mena à Saint-Démétrius (*Kassoumihié-Djami*), dans
le quartier d'*Eski-Acapoussi*.

Cette basilique a été construite au commencement du huitième siècle sur le tombeau de saint
Démétrius, martyrisé à Salonique en 307. « De ce
tombeau, dit l'historien Nicetas, jaillissait une
source d'huile sainte. » Au jour de l'entrée d'Amu-

rat dans la ville, cette source se tarit. Les imans ont respecté le tombeau et le montrent aux étrangers dans un des angles de la mosquée, tolérance dont le mérite est atténué par le bénéfice qu'ils en retirent. L'église est précédée d'une petite cour carrée, ombragée de figuiers. Le narthex a deux entrées. (Le *narthex* est le vestibule, le *pronaon* des temples grecs. Cette disposition n'existe pas dans les églises du moyen âge dont la nef communique directement avec la rue). C'est dans le narthex que se tenaient les catéchumènes (κατηχούμενοι, qui se font instruire), les énergumènes ἐνεργούμενοι, possédés) et tous ceux qu'on ne jugeait pas dignes d'approcher du sanctuaire. Les portes de l'église leur restaient ouvertes seulement pendant le sermon qui précédait la célébration du service divin : de là vient qu'il y a souvent dans les homélies grecques des discours adressés aux païens pour combattre leur croyances et les attirer à la foi chrétienne, coutume qui semble s'être conservée dans les sermons de nos prédicateurs, qui parfois s'adressent à leurs ouailles comme à des infidèles.

Le narthex est couvert par le γυναικωνίτης, galerie réservée aux femmes. « Le peuple était assis par ordre, dit saint Grégoire de Nazianze, les hommes d'un côté, les femmes de l'autre, et, pour être plus séparées, elles montaient à une galerie haute, s'il y en avait. » (Il en est toujours ainsi dans les églises du rite grec.)

La basilique de Saint-Démétrius est partagée en trois nefs par deux rangs de colonnes qui soutiennent les galeries latérales. La principale nef est formée par seize colonnes de vert antique, et le sanctuaire par quatre colonnes de granit rouge d'Égypte. Les dalles sont de marbre blanc, les murs marquetés de porphyre, la charpente, apparente, en bois de chêne, sans peinture et sans ornement.

Tout près de là est *Ostendji-Effendi*, ancienne église de Saint-Georges, connue dans la ville sous le nom de Rotonde à cause de sa forme circulaire. On y conserve un bloc de vert antique sur lequel prêcha saint Paul. Ce monument, garni à l'intérieur de mosaïques, doit être un des plus anciens de la chrétienté. M. Cousinery le fait remonter au temps des dieux Cabires[1]. Cabires ou non, il est possible que ce temple soit païen, mais il est certain que les mosaïques qui l'ornent sont chrétiennes; mosaïques, du reste, assez médiocres et bien loin de valoir celles de Sainte-Sophie, petite église élevée par

---

[1] La forme circulaire n'est pas une preuve d'origine païenne. Sainte Hélène fonda sur le mont des Oliviers, à Jérusalem, l'église de l'Ascension. Ce monument est circulaire. (Voir Lenoir, *Archéologie monumentale de l'histoire de France.*)

Justinien dans le quartier de *Soouk-Sou* (l'eau froide). Je ne connais pas de vestige plus beau de l'art des mosaïstes que cette coupole, respectée par les Turcs peut-être à cause de son admirable pureté, peut-être aussi par la difficulté d'en retirer un bénéfice quelconque. Quinze figures de plus de trois mètres d'élévation occupent le pourtour. Elles représentent la Vierge entre deux anges et les douze apôtres. Au centre plane le Christ dans une gloire avec cette inscription : «Homme de Galilée, pourquoi vous arrêtez-vous levant les yeux au ciel? Jésus, qui en vous quittant s'est élevé dans le ciel, viendra de la même manière que vous l'y avez vu monter. » Ces figures se détachant sur le fond d'or par larges teintes d'un ton franc sont d'un effet décoratif merveilleux.

Après Sainte-Sophie, je citerai *Sarali-Djami-Si*, dans le quartier d'*Eski-Saraï*, remarquable par sa disposition en croix latine; *Eski-Djouma*, basilique à deux étages comme Saint-Jean-Studius de Constantinople; et l'ancienne église de Saint-Bardias, aujourd'hui *Kassendjilar-Djami-Si*, mosquée de chaudronniers. (L'*esnaf* ou corporation des chaudronniers et celle des tanneurs ont une grande importance à Salonique.)

La disposition de ces basiliques n'affecte que deux types, l'un à branches égales, voûté en coupoles;

l'autre, sans coupoles et sans croix, de forme longue comme les basiliques de Rome. Toutes sont petites et la plus grande ne couvrirait pas le cinquième de la surface d'une de nos cathédrales. On n'y trouve pas la hardiesse des monuments du moyen âge, mais le plan en est plus saisissable et se rapproche plus, à ce titre, des conceptions de l'antiquité grecque si admirables par leur unité. Le jour y pénètre faiblement par de petites lucarnes et donne un air de mystère à ces sanctuaires intimes d'une religion dont la morale austère ne s'accommodait pas encore des splendeurs que la foi affaiblie devait plus tard demander à la profusion.

. . . .

J'ai parlé de deux arcs de triomphes placés à chaque extrémité de la Grande-Rue, ancienne voie Egnatia. Ces deux monuments élevés, l'un à Auguste, l'autre à Constantin, sont en mauvais état et engagés à leur base dans des maisons qui empêchent d'en saisir les détails.

Dans cette même rue, au-dessus d'une terrasse juive, paraissent cinq colonnes d'ordre corinthien avec des cariatides sculptées en bas-relief. Pokocke fait une description pompeuse de cette ruine, qui n'eut sans doute pour nous que le tort de se trouver trop près des chefs-d'œuvre d'Athènes. On pense

que là était l'emplacement de l'hippodrome où Thé-
dose fit massacrer les chrétiens, et que ces restes
sont la tribune qui formait le fond du cirque. Les
juifs appellent ces cariatides : *las Encantadas*, les
Enchantées, et les Turcs : *Soureti-malek*, figures
d'anges.

... Depuis notre arrivée à Salonique nous n'enten-
dions parler quedes exploits d'un brigand albanais,
appelé Rabottas, qui ravageait la Chalcidique. Les
quelques tours de son métier qu'on racontait dans les
cafés n'avaient rien de rassurant et cependant il n'y
avait qu'une voix pour dire que ce brigand était un
honnête homme. La qualification d'honnête homme,
accolée à celle de brigand, a, il faut l'avouer, pour
nos oreilles quelque chose de malsonnant. En Turquie, cet assemblage d'épithètes semble tout naturel
et l'est en effet. Il faut en effet savoir que le raya [1]
est à l'Osmanli à peu près ce que l'ilote était au
Spartiate. Or le raya, qui ne peut supporter ni la
surcharge d'impôts, ni l'enlèvement de sa fille ou
de sa femme, ni aucune des injures que lui prodigue le conquérant, se retire dans la montagne pour

------

[1] On appelle, en Turquie, *raya* tout sujet non musulman,
tout individu qui fait partie de la race vaincue : Grec, Juif,
Bulgare, etc., etc.

fuir l'oppression. Jusque-là cet homme est parfaitement honnête ; mais il arrive forcément qu'il ne peut vivre sur un rocher inculte de l'air du temps ; alors il pille les caravanes, rançonne les villages, et, son indépendance compromettant celle de beaucoup d'autres, il prend naturellement place dans la catégorie des brigands. Ce sont ces brigands qui ont poussé la Grèce à la résistance une première fois et qui, selon toute probabilité, l'aideront une seconde.

En attendant il est prudent de s'en garder quand on voyage ; le pacha nous donna à cet effet une escorte de deux *zaptiés* de sa garde, ou *bachi-bozouks*, et la Poste y adjoignit deux hommes armés pour protéger ses chevaux.

Notre départ était fixé au 14. Un marchand de Scio, qui allait au mont Athos pour affaires, nous demanda la permission de se joindre à nous. Nous la lui accordâmes, mais, faute d'un cheval, nous nous vîmes forcés de refuser la même faveur à un moine qui revenait du Sinaï et désirait regagner sa Thébaïde. Ce fut sans regret, car le P. Gédéon était bien la personnification du moine dont il est dit : ὁ ἀνάξιος, καὶ ἀνωφελὴς ἱερομόναχος, ὁ ἀνυπόδητος καὶ ῥακενδύτης καὶ ἀλόγων ἀλογώτερος, *l'indigne, l'inutile moine sacré, le va-nu-pieds, le déguenillé et le plus animal de tous les animaux,* et il n'avait certes pas

médité cette parole de saint Ambroise : « Que la
netteté de ton visage, de tes mains et de tes vêtements soit un signe de la pureté de ton cœur et de
l'innocence de ta vie. »

II

Jean Belon, du Mans, dans son livre *Des singula-*
rités, dit : « que les Turcs sont gens qui savent le
mieux charger et décharger bagages en allant par
pays que nuls autres. » Les Turcs de Salonique ont
compromis cette réputation d'équilibristes ; car
l'empressement maladroit qu'ils mettaient à charger
les chevaux de bât nous fit perdre deux grandes
heures, et la chaleur était déjà accablante quand
la colonne se mit en mouvement.

Les deux zaptiés ouvraient la marche. L'accoutrement des *bachi-bozouks* varie selon le caprice de
chacun. Ceux-là portaient la veste albanaise couleur
lie de vin rehaussée de broderies noires, le pantalon
large resserré au genou et le turban conique : un
arsenal d'armes de toute sorte chargeait leurs cein-
tures. Les armes sont le luxe des Albanais, et leur
vanité à cet endroit ne s'arrête qu'à la limite de
leurs moyens pécuniaires, limite qui chez les bachi-

bozouks n'est précisée que par leur plus ou moins d'aptitude au pillage. De nombreux καλὴ ὥρα (bonne heure), καλὴ ἡμέρα (bon jour), *augourler ola* (que les augures soient bons), nous étaient adressés par les curieux que le bruit de ce convoi de *tchelebis* avait attirés sur leurs seuils.

Après trois heures de marche pénible dans les sables, sous un soleil de plomb, nous arrivâmes au *Kiarvan-Saraï* de Vasilika. Vasilika est un hameau de dix ou douze maisons au plus, relevé sur les ruines qu'en fit en 1821 Achmet-Bey. Quelques familles grecques l'habitent. Le sol est riche, fertile, planté de vignobles et de figuiers, et l'eau y descend en abondance de la montagne.

Sous cette oasis verdoyante, un groupe de femmes se reposaient près d'un arabas. Nous cherchions à les deviner sous leur voile transparent, quand, à la vue des Albanais, elles s'enfuirent, preuve du respect qu'inspirent les agents de l'autorité turque....

— A mesure qu'on s'éloigne de la mer, les habitations deviennent rares, le myrte pousse librement dans cette terre féconde que méprise la charrue, et ce n'est qu'à Galatz qu'on retrouve l'agriculture et son cortége mugissant.

Galatz est adossé au mont Disoron, au fond d'un cirque gigantesque. Ses maisons, éparpillées sur le

rocher, et surmontées d'une énorme tour qui projette dans la vallée son ombre trapue et massive,
lui donnent l'aspect d'une petite ville.

.... Le lendemain, quand nous partîmes, le
brouillard enveloppait encore la montagne, mais le
soleil ne tarda pas à devenir ardent comme la
veille, et nous mîmes pied à terre à *Nedgesalar*
pour prendre une tasse de ce café léger qu'on sait
faire bon en Orient même dans la plus pauvre cabane. Il nous fut servi par une grande fille assez
laide, mais dans la plus jolie cafetière du monde,
vraie merveille de poterie dont la forme ovoïde rap-
pelait les anciens types grecs.

A partir de Nedgesalar le sentier va toujours en
montant, et nous remarquions qu'en sens inverse
de la végétation, qui se rabougrit et se ratatine
par degrés à mesure qu'on approche des hauts
sommets, les hommes ont les épaules plus larges,
le regard plus fier et la démarche plus assurée, la
tyrannie oisive qui courbe et flétrit ayant d'ordinaire le pied peu montagnard.

Mais comme il n'y a pas de règle sans exception,
nous n'avions pas fait un kilomètre, que la première partie de nos observations se trouva de tous
points inexacte, et que nous entrâmes sous un cou-

vert d'arbres, tels que nous n'en avions encore vu
dans aucune vallée. On se ferait difficilement une
idée de ces monstrueux colosses entrelacés et en-
chevêtrés les uns dans les autres comme les serpents de la tête de Méduse. Quelques-uns ont
monté droits, unis, comme d'un seul jet, par
l'échappée que leur laissaient les voisins, d'autres,
moins heureux, refoulés par de plus forts, se sont
contournés, tordus en rameaux courts, énormes,
boursouflés aux extrémités, et la séve faisant irrup-
tion a ouvert dans leurs flancs de larges cratères
béants ou mis à nu des excroissances informes.
Sous cette végétation tourmentée fleurissent, comme
en une serre chaude, le rhododendron à fleur pourpre, l'airelle rouge et l'amaryllis.

Au sortir de cette forêt nous attendait un de ces
spectacles géographiques qui surprennent sans
émouvoir. L'Athos [1], semblable à un sphinx ac-

---

[1] Les anciens, dont l'orologie était loin d'être parfaite, pré-
tendaient que de la cime de l'Athos on voyait le soleil trois
heures avant son lever. Ce qui a pu accréditer cette erreur,
c'est que cette montagne, qui, d'après les calculs récents du
capitaine Gautier, n'a en réalité que deux mille six cents
mètres d'élévation, semble, par sa position isolée au-dessus
de la mer, plus élevée qu'aucune montagne de l'Orient. Sophocle, Pline et Plutarque disent que son ombre atteignait la
place publique de Mirina à Lemnos. (Voir à cet égard les calculs de Choiseul-Gouffier et les travaux de M. Delambre. —

croupi dans la mer, s'étalait à l'horizon dans toute sa longueur : jusqu'à lui les vallées se succédaient nombreuses comme les sillons du champ labouré ; à droite, on découvrait toute la presqu'île de Pallène, et, à gauche, Orfano, au bout d'un golfe arrondi au compas : tout, même au plus loin, était baigné d'une nappe de lumière limpide et transparente. L'œil suit encore de là les traces de l'incendie de 1821. Les Turcs appliquant la sinistre parole de Makmoud : « Fer, feu, esclavage, » ont tout détruit jusqu'à Polyhieros (ancienne Olynthe).

Le soir, à neuf heures, nous arrivions à la rivière de Doutlitchaï (de la mûre noire), quand un pappas qui passait par là nous dit que nous étions venus trop sur le sud-est, qu'il nous fallait gagner la plage de Gemati, et que près de là nous trouverions le village d'Agios-Nicolaos où nous pourrions passer la nuit.

A minuit, après bien des tâtonnements, nous atteignîmes le village ; mais là, complication imprévue ! les maisons étaient encombrées de vers à soie. On nous déblaya bien deux chambres de ces hôtes incommodes, mais on oublia d'en chasser les puces, punaises, pucerons et maringouins, qui n'eurent garde de nous oublier, étant conviés à un festin assez rare pour eux.

Je compris à ce moment la distance que mon ami C.... met entre ces deux mots : Voyage... d'agrément; mais toute peine a sa récompense, et, ne pouvant dormir dans cette magnanerie, nous eûmes le loisir d'admirer aux premiers rayons du soleil les cocons rangés sur des claies comme autant de petites bulles d'or.

. . . .

Une tartane qui chargeait du bois tout près de *Vorvourou*, nous offrit de nous faire traverser le golfe de Monte-Santo.

Nous attendions à l'ombre d'un platane que les vents nous fussent propices, quand nous vîmes arriver le P. Gédéon, haletant, essoufflé, ruisselant, et les pieds gonflés. Il était venu de Salonique à pied en suivant la côte. C'était au fond un assez bon homme que ce P. Gédéon, malgré sa malpropreté, et cette malpropreté même était peut-être une vertu. Saint Basile n'a-t-il pas dit : « Que l'humilité du moine paraisse dans tout son extérieur, qu'il ait la tête mal peignée, l'habit sale et négligé. » Il nous donna de nombreux renseignements sur sa Thébaïde, nous dit d'abord qu'on y vivait très-vieux, d'accord en cela avec Élien qui constate que les habitants de l'Athos étaient appelés *Macrobi*, ensuite qu'il y avait au milieu de la montagne un village peuplé de moines, appelé Kariès, de Κάρα, tête, et outre les vingt monastères qui garnissaient la montagne, un grand nombre de skites [1], d'ermitages et de cellules, en tout environ neuf cent cinquante églises et chapelles ; il ajouta que les moines qu'on appelle caloyers (Καλογέροι, bons vieillards), n'étaient plus que trois mille de six mille qu'ils étaient autrefois, mais qu'il y avait des frères lais, des ermites et des profès ; enfin que le séjour en était délicieux, et qu'on était fort bien accueilli par le conseil de Kariès, si l'on était bien recommandé, pourvu toutefois qu'on n'eût ni femme, ni chienne, ni chatte, ni aucun animal du sexe femelle, la règle étant inflexible à cet égard.

Le récit du P. Gédéon était coupé d'invocations à la Vierge qui, disait-il, avait appelé le mont Athos sa terre de prédilection.

---

[1] *Skites* a la même signification que cellules, et vient de *Sketé*, partie de l'Égypte habitée par des moines.

Le 17 mai, à deux heures de la nuit, nous jetions l'ancre devant le couvent russe, sur la côte occidentale de l'Athos. Aux premières lueurs de l'aube, des masses de têtes apparurent aux fenêtres des galeries hautes. On ne saurait voir rien de plus incohérent que la construction de ce monastère. C'est un mélange indescriptible de redans, de bastions, de tours, tourillons et culs-de-lampe : tout cela lézardé, ébréché et jauni par le temps. Dans la longue étendue de ces murailles, il y a à peine une ouverture, seulement au-dessous de la toiture, de petites lucarnes donnant sur des galeries de bois en saillie. Ces galeries, ajoutées depuis que les pirates ont cessé d'inquiéter les moines, sont peintes d'une couleur sang de bœuf, qui rompt la monotonie du ton général.

Voulgaris que j'avais dépêché en ambassadeur revint suivi de deux caloyers, chargés de melons et de figues fraîches que nous envoyait l'higoumène.

Après avoir fait honneur à cet envoi, nous montâmes la pente ardue qui mène au monastère. Une porte double, verrouillée comme la porte d'une prison, et surmontée d'une vierge (παναγία πορταιτίσα) dont on distingue les vêtements dorés à travers un treillage, donne entrée dans la cour principale. Au milieu de cette cour est le *Catholicon*, basilique à cinq coupoles percées d'ouvertures jumelles : tout autour, sur un double rang d'arcades superposées, les cellules.

On nous conduisit d'abord à l'église, selon la règle de saint Basile : « *Suscepti hospites adorationem, et postea cum eis sedeat.* » C'était l'heure de la messe : les moines se rangeaient dans les stalles.

Ces moines ou caloyers sont vêtus d'une robe brune retombant à plis droits, et par-dessus d'un vêtement également très-long, mais de couleur plus claire et serré à la taille par une ceinture de cuir noir, agrafée de cuivre. Ils ont les pieds chaussés de brodequins, et la tête couverte d'un bonnet jaune amadou ayant la forme d'un gâteau de Savoie. Prenant à la lettre la parole de l'Écriture : « *et le fer ne touchera pas à sa tête,* » ils portent les cheveux et la barbe aussi longs qu'ils veulent croître. Quelques-uns roulent leurs cheveux en un

chignon énorme qu'ils retroussent sous leur bonnet, mais le plus grand nombre, non contents de
la longueur démesurée de leurs barbes, laissent retomber sur les épaules leur abondante crinière, ce
qui, à la longue, par le frottement, rend leur lévite
complétement imperméable et leur donne une apparence de porc-épic derrière laquelle disparaît
toute expression de physionomie. Cependant parmi
les vieillards qui entraient dans l'église d'un pas
chancelant, je vis un jeune homme qui s'avançait
d'un pas ferme : je ne crois pas avoir jamais rencontré d'expression plus pure de la beauté mâle :
ses yeux brillaient comme des flambeaux au milieu
de la pâleur mate de son visage, amaigri par
le jeûne, et sa barbe retroussée par la ligne fière
de ses lèvres se divisait sur sa poitrine mêlant ses
reflets bleuâtres aux tons plus sombres de sa che-
velure. C'était un Grec de Zante, arrivé depuis peu
sur la montagne.

Quand les assistants eurent psalmodié un psaume
sur le rhythme lent et nasillard de l'Église grecque,
qui est un récitatif plutôt qu'un chant, le prêtre
commença la messe. Il fit d'abord trois signes de
croix suivis d'une inclination. (Le signe de croix se
fait chez les Grecs en portant la main de droite à
gauche, parce que selon la tradition, le Christ
donna pour être crucifié sa main droite la pre-

mière, et à l'aide des trois premiers doigts de la main réunis, pour indiquer qu'il n'y a qu'un Dieu en trois personnes. L'inclination remplace la génuflexion, qui n'est admise par l'Église d'Orient que le jour de la Pentecôte.). Il revêtit ensuite une aube de soie brochée, se ceignit d'une ceinture large à laquelle pend une sorte de sachet en losange appelé *hypognation*, de ἐπὶ sur, γόνυ, genou, prit le le pain [1], coupa le morceau de croûte qui porte la formule, *Jésus-Christ vainqueur*, ainsi disposée :

IC	X
NI	K

---

[1] L'usage des azymes est au nombre des dissidences qui séparent l'Église de Rome de l'Église d'Orient. Les catholiques disent que Jésus-Christ, ayant fait la cène avec ses disciples, devait avoir employé du pain azyme, selon la coutume des juifs, qui font la pâque avec ce pain. Les Grecs disent, au contraire, que, puisque l'époque de la pâque n'était pas venue, Jésus-Christ fit la cène avec du pain ordinaire, c'est-à-dire avec du pain inzyme

Les principales dissidences sont, du reste, au nombre de trois : 1° la suprématie du pape; 2° la procession du Saint-Esprit, c'est-à-dire l'addition *filioque*; 3° le purgatoire.

La question des azymes peut être classée dans les différences d'usage, qui sont : 1° les azymes; 2° le baptême par triple immersion; 3° la prêtrise chez les hommes mariés; 4° la communion chez les enfants; 5° la génuflexion; 6° l'abstinence du mercredi.

la mit dans le bassin, versa le vin et l'eau, recouvrit le bassin d'une croix et offrit le sacrifice.

Les Grecs ne disent pas la messe sur un autel de forme tumulaire comme le nôtre, mais sur une table recouverte d'un linge consacré appelé *antimension*. Ils attachent une idée de profanation à sacrifier dans le même sanctuaire qu'un autre prêtre, en sorte que dans ces monastères les chapelles et oratoires sont innombrables.

. . . .

Après le service divin nous pûmes circuler dans l'église. Le plan de celle-ci est à branches égales ; des fresques tapissent les murs jusqu'à la voûte, disposées dans cette ordre, à peu près invariable dans les églises du rite grec : au centre le Christ bénissant [1], portant ce monogramme : IHC XC O παντοκράτωρ, Jésus-Christ tout-puissant ; du côté de l'Orient la Vierge (παναγία, toute sainte) entre les anges Michel et Gabriel ; plus bas les prophètes ; dans les pendentifs, les évangélistes ; au dedans du bêma la Cène ; au-dessus du narthex, la Transfiguration ; et sur les branches de la croix, les miracles de Jésus-Christ et les sujets de l'Ancien Testament. En dehors, sous la voûte du narthex, les ascètes,

---

[1] La main qui bénit est ainsi disposée : le pouce croisé avec le quatrième doigt, de manière que l'index reste droit, et le troisième recourbé ; on forme ainsi le nom de Christ, IXC.

les stylistes, les saints philosophes et les saints évêques.

Après une visite dans les cellules, meublées d'une simple estrade en bois sur laquelle couchent les moines, on nous conduisit au réfectoire où la communauté dînait d'un macaroni trop cuit noyé dans une sauce trop longue. Un caloyer lisait une homélie pendant le repas.

. . . .

Ce monastère est habité par des caloyers russes [1] et grecs. Nous prîmes congé d'eux pour présenter le plus tôt possible nos lettres d'introduction à Kariès. Kariès est à quatre heures du couvent russe. On traverse pour y aller des jardins et des plants d'oliviers entretenus par les moines, à l'aide d'un système d'irrigation très-ingénieux·

[1] Il y a une opinion généralement accréditée qui veut que l'Église russe soit séparée de l'Église de Constantinople, et que le tzar en soit le chef. Cela n'est pas tout à fait exact. Dans les annotations du *Pedalium*, recueil des canons, l'Église d'Orient dit : « Il y a eu autrefois un patriarche de Russie, mais ce patriarche n'existe plus. » En effet, Ivan III avait pris le titre de patriarche de Russie; mais Pierre le Grand ne le conserva pas, nomma un conseil d'évêques qu'il appela *saint synode dirigeant*, et prit le titre de Protecteur de l'Église. Il demanda la confirmation de ces mesures au patriarche de Constantinople, lui écrivit qu'il avait toujours reconnu sa primauté synodale sur l'Église orthodoxe, et le pria de l'aider de ses conseils.

Plus haut ce sont des bois de chênes et de châtai-
gniers d'une vigueur surprenante à cause du voisinage de la mer. Les historiens byzantins parlent
fréquemment de cette végétation merveilleuse.
« Ceux qui appellent l'Athos la terre de Dieu ne se
trompent pas, » dit Cantacuzène. « La douceur de
la température, dit Nicéphore Grégoras, la mul-
tiplicité des végétaux qui réjouissent la vue et em-
baument l'air, le chant des oiseaux, le murmure
des eaux, le vol strident des abeilles, l'aspect de
la grande mer, le calme des vallées, le silence et
la solitude des bois, tout cela forme un tissu de
voluptés qui ravissent les sens et élèvent vers Dieu
l'âme recueillie dans des pieuses pensées. »

Kariès est caché dans un pli du versant oriental,
au milieu de skites et d'ermitages accrochés à
toutes les aspérités de la montagne. Les maisons
sont basses, faites en bois, enduites d'un crépi rose
ou blanc, et alignées sur les côtés d'une rue unique.
Dans cette rue se tiennent, au fond de petites boutiques, ouvertes en tabatière, des moines qui ven-
dent des rosaires, des gravures et des ustensiles
de ménage sculptés par les ermites. C'est au bout
de cette rue, dans une grande maison de modeste
apparence, que siége le conseil qui gouverne la
montagne.

Ce conseil est composé de vingt épistates représentant les vingt monastères. Un président, élu tous les quatre ans par cette assemblée, partage le pouvoir exécutif avec les représentants des quatre monastères de *Lavra, Iveron, Vatopédi* et *Kiliandari.* Ces quatre représentants administrent la montagne, et rendent compte de leur administration à l'assemblée générale qui, outre ses fonctions, juge les délits et les crimes. Les rescripts ou ordonnances doivent porter l'empreinte d'un sceau [1] dont chacun des quatre représentants possède un quart, ce qui fait que l'opposition d'un seul annule toute décision. Le gouvernement turc a reconnu cette petite république monacale après la prise de Constantinople, et s'en est déclaré le protecteur, moyennant un tribut annuel de 500 000 piastres versées entre les mains d'un aga qui réside à Kariès. La république entretient une garde de vingt Albanais chrétiens, destinés à faire la police de la montagne.

Des vingt monastères de l'Athos, dix-sept sont

---

[1] Ce sceau est en argent coupé en quatre parties égales. Une cinquième volonté est nécessaire pour valider les actes : c'est celle du président, qui possède la clef à vis qui réunit les quatre portions. Autour de ce sceau, représentant la Vierge, est l'inscription suivante en grec et en turc : *Sceau des Épistates de la communauté de la Sainte-Montagne.*

habités par des caloyers [1] grecs, un par des caloyers russes et grecs, et deux par des Serbes et des Bulgares.

Tous sont de l'ordre de Saint-Basile, mais ne sont plus aujourd'hui gouvernés d'après les mêmes lois. Autrefois, ils avaient chacun un higoumène inamovible ; mais, à la suite d'une révolution dont je n'ai pu savoir au juste la date, l'organisation fut modifiée, et aujourd'hui dix de ces monastères seulement, dits couvents de cénobites [2], ont conservé les anciens usages ; les dix autres ont pris la dénomination de couvents libres (ou διόρισμοι, distincts), et sont régis par un conseil d'épitropes renouvelé tous les quatre ans.

Les monastères de cénobites sont : *Iveron*, *Ki-*

---

[1] Les *caloyers* ou moines appartiennent au premier ordre du clergé grec, appelé ordre des *hiéronomaques*. Lorsque l'Église d'Orient se sépara de celle de Rome ; elle divisa son clergé en deux ordres : les *hiéronomaques* et les *pappas*. Les premiers, voués au célibat, comprennent les *patriarches*, les *énarques*, *métropolitains*, *archevéques*, *évéques*, *archimandrites* et *caloyers*.

Les seconds, qui peuvent se marier, sont les *pappas*, nommés aussi journaliers.

Il y a quatre patriarches qui occupent les trônes de *Constantinople*, *Alexandrie*, *Jérusalem* et *Damas*. Celui de Constantinople a la primauté synodale.

Les caloyers du mont Athos relèvent de ce dernier.

[2] Κινόβιν signifie proprement *communauté*.

liandari, *Dyonisios, Koutloumousis, Zographos, Philothéos, Grigorios, Xénophon, Esphigmenou* et *Roussicon* (couvent russe).

Les dix autres couvents se nomment : *Vatopédi, Lavra, Pantocrator, Xiropotamos, Dokiarios, Karacallos, Simopétra, Stavronikitas, Agios Pablos* et *Castamoniti.*

Les représentants des monastères de *Lavra, Vatopédi, Iveron* et *Kiliandari*, gouvernent les autres, non-seulement parce qu'ils sont les plus riches et les plus anciens, mais parce qu'ils ont conservé le titre de monastères impériaux. (Sous les empereurs byzantins il y avait trois sortes de monastères : ceux qui relevaient directement de l'empereur, ceux qui relevaient des patriarches, et enfin ceux qui appartenaient aux évêques ou archevêques.)

Les revenus de tous ces couvents sont produits par l'exploitation des bois, la vente des noisettes et des olives. Koutloumousis récolte à lui seul deux cent mille ocques de noisettes. *Lavra, Iveron* et *Philothéos* exploitent annuellement pour cinq cent mille piastres de bois. Outre ces produits, les monastères ont de vastes propriétés appelées *Métok*, en Valachie, à l'île de Thasos et sur le littoral de la Turquie-d'Europe.

. . . .

Le jour de notre arrivée à Kariès, les épistates

étaient enfermés pour procéder à l'élection d'un nouveau président, et il y avait absence totale d'êtres vivants dans la cour du *Konack*. Au bout de quelques instants employés à nous promener dans le village, nous fûmes introduits dans une grande salle, sorte de galerie haute, ouverte sur la cour et garnie tout alentour de divans en estrades. Sur ces divans les membres de l'assemblée étaient assis à la manière turque, vêtus d'un manteau à manches amples, ouvert à la poitrine sur une robe de soie bleue ou violette, selon leur hiérarchie, et coiffés d'un *kalimafki* de feutre noir taillé comme une toque d'avocat. Sur les murs, lavés à la chaux, ces personnages étoffés s'enlevaient merveilleusement. Au moment où nous entrâmes, le président s'avança appuyé sur sa crosse (πατερίζα), sorte de petite béquille noire garnie de nacre), et nous invita à prendre place sur le divan ; puis il ouvrit les lettres, et, quand il arriva à celle du patriarche, il en baisa la signature. Ensuite il nous fit des questions sur la France, sur Constantinople, et surtout sur le but de notre voyage à l'Athos. Il lui semblait étrange qu'on vînt voir de pauvres moines, quand on vivait au milieu des splendeurs de l'Occident dont on lui avait dit merveille.

En notre qualité d'artistes, il nous dit qu'il nous logerait chez le peintre Anthimès, une des lumières de la Sainte-Montagne. Mais avant d'aller chez notre hôte, nous montâmes faire visite à l'aga, qui habite la seconde aile du Konack. Ce pauvre musulman est là tout à fait dépaysé, n'ayant pour compagnon qu'un secrétaire et quelques Albanais de sa religion. C'est un jeune homme de trente à trente-cinq ans, ni beau ni laid, engraissé par l'oisiveté, hébété par la solitude. Il nous accueillit avec tout l'enthousiasme d'un homme ravi de voir d'autres visages que les profils liturgiques qui l'entourent; mais cette expansion fut de courte durée, et il retomba dans son assoupissement, dont il ne sortira vraisemblablement que le jour où il sera appelé à d'autres fonctions, ou admis à faire valoir ses droits à la retraite.

Anthimès, notre hôte, était un tout autre homme, vif, alerte et remuant. Il habitait sa petite maisonnette en compagnie d'un pappas appelé Manuel, sorte de paria qui faisait la cuisine, cultivait le jardin, nettoyait la maison, aidait le peintre dans ses travaux, l'assistait à la messe, et trouvait le temps de dormir et de boire quelquefois outre mesure, malgré ces nombreuses occupations.

Pendant que nous attendions le moment d'être admis auprès du conseil, j'étais allé jusqu'au Catholicon [1]. Là entrait en même temps que moi un

[1] On appelle Catholicon l'église de la Vierge. Le mont Athos

jeune homme. Vêtus tous les deux comme on l'est aux pays du macadam, nous nous devinâmes Français. Il était peintre et travaillait avec M. de Sévastiannoff. J'avais entendu parler en Grèce des travaux de M. de Sévastiannoff[1] au mont Athos. Ma première visite fut naturellement pour lui. L'auteur des admirables reproductions photographiques que l'Institut a vues il y a quelques années, m'accueillit avec cette courtoisie et cette cordialité habituelles à l'aristocratie russe. Nous causâmes de la France en français, ce qui est une grande jouissance, et nous prîmes le thé en russe, ce qui est la bonne manière.

est tout entier sous l'invocation de la Vierge, et dans chaque monastère l'église principale lui est dédiée.

[1] M. de Sévastiannoff a reproduit à l'aide de la photographie : 1° un manuscrit du douzième siècle en caractères microscopiques ; 2° des sermons de saint Grégoire le Théologien, de Jean Damascène ; 3° un traité inédit de médecine ; 4° la géographie de Ptolémée ; 5° une liturgie de saint Jean Chrysostome sur parchemin ; 6° des chartes en langues grecque et slave ; 7° des fragments de la légende dorée.

Pendant que j'étais au mont Athos, M. de Sévastiannoff préparait de nombreux travaux. Son séjour devait être encore fort long sur la montagne, et l'infatigable voyageur avait le projet de compléter ce travail gigantesque par une excursion au Sinaï.

IV

L'histoire du mont Athos est très-obscure depuis
Jésus-Christ jusqu'au dixième siècle. Les moines
font remonter à Constantin la fondation du monastère de Lavra, construit par saint Athanase l'Athonite, et dans ce monastère on montre une fresque
qui représente ledit saint recevant une chrysobulle
des mains de l'empereur Nicéphore Phocas, c'est-
à-dire vers 965. Cependant il est probable que
certains couvents sont de fondation plus ancienne :
ceux d'*Iveron* et de *Vatopédi*, par exemple, construits
sur l'emplacement des villes de Dium et d'Olophisos,
dont parle Hérodote et dont ne parlent pas les historiens byzantins.

Voici la version des moines sur l'origine des fondations : saint Athanase demanda à l'empereur la
permission de construire un monastère sur l'Athos
et éleva la grande Lavra ou Laure (Lavra signifie
réunion, communauté, association) ; mais la mon-

tagne était déjà à cette époque occupée par des ermites; ces ermites envoyèrent une députation à Constantinople pour protester contre l'envahissement de leur retraite; leurs prières ne furent pas écoutées et les monastères se succédèrent sur les flancs de la montagne.

Chose assez singulière ! ces ermites relégués par cet envahissement sur le haut du rocher ont trouvé des continuateurs, qui vivent loin des habitations, comme des bêtes fauves. Lorsqu'ils ne trouvent plus à se nourrir sur la montagne, ils descendent à la porte des monastères et échangent contre des légumes, de petits chapelets et des croix sculptées. Malgré l'aversion qu'ils témoignent aux moines, ceux-ci les vénèrent comme des saints.

En venant du monastère russe, nous en vîmes un accroupi sur un rocher, véritable homme des bois, qui n'avait pour tout vêtement que sa barbe démesurément longue. Il est vrai que la légèreté de ce costume avait son excuse dans la chaleur de l'atmosphère.

J'ai parlé au début de la règle qui interdit à toute femme comme à tout autre animal du sexe femelle l'entrée de la montagne. Il est probable que cette règle rigoureuse, dans laquelle on a cru voir un scrupule exagéré, a été une mesure toute politique pour chasser les habitants qui persistaient à rester sur la montagne, et en interdire l'entrée même aux bergers qui eussent été tentés d'y conduire leurs troupeaux, car dans les autres couvents de l'ordre de saint Basile cette règle n'est pas scrupuleusement observée.

Le monastères de l'Athos ont joué un rôle important sous les empereurs byzantins. C'est là que se recrutaient les patriarches. « On prit souvent, dit Grégoras, dans les monastères pour les élever au patriarcat des moines ignorants, car les princes choisissent pour les grandes places tels sujets qui leur soient soumis servilement. » Quelques-uns de ces complaisants disposèrent de l'empire, et j'aurais plus loin l'occasion de parler de la secte des palamites, qui prit naissance sur l'Athos et agita longtemps l'Empire d'Orient. Aujourd'hui la sainte montagne ne fait plus beaucoup parler d'elle, et ses habitants semblent entièrement détachés des choses de ce monde.

— Nous pouvions observer chaque jour au couvent de Koutloumousis, à quelques minutes de Kariès, les habitudes des modernes caloyers. Laissant le soin de l'agriculture et du jardinage aux frères lais, ces cénobites ne font absolument rien que prier. Le matin ils descendent de leurs cellules, chantent les matines, entendent la messe, vont au réfectoire, assistent aux vêpres à quatre heures, soupent à six, disent complies, se couchent avec le soleil et se relèvent au milieu de la nuit pour aller à l'église; ces différents exercices sont annoncés par une simandre [1]. En dehors de l'eukologue (bréviaire), ils lisent peu. Il y en a cependant quelques-uns qui ont voyagé, vu, étudié et acquis une instruction sérieuse. Malgré cela, les bibliothèques sont dans un état de désordre dont on ne peut se faire idée, et l'emploi de *cartophilax* [2] est une sinécure.

[1] La simandre est un morceau de bois ou de fer suspendu à un chevalet, qui rend un son prolongé lorsqu'on le frappe à l'aide d'un marteau. Les cloches furent en usage de bonne heure en Occident, et les premières sont, je crois, attribuées à saint Paulin, évêque de Nole, au cinquième siècle; mais les caloyers de l'Orient, très-attachés aux premiers usages du christianisme, se servent toujours de la simandre. Cet instrument est très-ancien; on en a trouvé plusieurs dans les ruines de Pompéi.

[2] On doit cependant à l'archimandrite Porphiry, du couvent russe, une connaissance assez exacte d'un certain nombre de manuscrits et de chrysobulles renfermés dans quelques cou-

Celui de peintre a encore des continuateurs et l'école athonite n'est pas tout à fait morte.

Le catholicon de Kariès donne une suite de fresques de l'époque la plus savante de cette école. Ces peintures sont de Manuel, surnommé Panselinos (πανασελήνη pleine lune), né à Salonique vers le douzième siècle, date très-vague, mais que je n'ai pu avoir plus précise. Panselinos est considéré non-seulement comme le chef de l'école athonite, mais encore comme le maître de l'école byzantine tout entière. Les traditions de cette école ont été transmises dans un livre intitulé : Ἑρμηνεία τῆς Ζωγραφικῆς *Guide de la peinture*[1], rédigé, vers 1650, par le moine Denys, du couvent de Fourna, près d'Agrapha en Thessalie, et son élève Cyrille de Chio. Ce manuel donne les recettes pour peindre, la manière de représenter les sujets religieux et l'ordre dans lequel ils doivent être disposés. Rédigé dans le but d'empêcher la défiguration des compositions religieuses, il a lié les peintres dans un réseau de

vents de l'Athos. Il en a fait un catalogue en langue russe publié à Pétersbourg en 1847. Ce catalogue a été traduit en allemand par Miklosich dans sa bibliothèque slave (Vienne, 1851; in-8°). Le gouvernement français a envoyé deux personnes au mont Athos : M. Minas Minoïdès, qui a rapporté quelques manuscrits, et M. Lebarbier, de l'école d'Athènes, dont les recherches ont été incomplètes.

[1] M. Didron a donné une traduction de ce livre en 1839.

règles invariables, et fait disparaître de leurs œuvres toute inspiration individuelle.

On a cru voir dans les mosaïques et les fresques des premiers siècles chrétiens une inspiration immédiate, puisée dans les préceptes de la foi nouvelle. Il suffit d'observer attentivement ces compositions pour se convaincre qu'il n'y a dans ces longues figures au type grec, au geste pétrifié et aux draperies régulièrement plissées, qu'une appropriation maladroite des chefs-d'œuvre de l'antiquité aux besoins du nouveau culte. Ce reste de style d'emprunt, et cette maladresse même donnent à ces productions un mélange de science et de naïveté qui étonne et séduit.

Y eut-il dès l'origine un traité de la peinture religieuse indiquant certaines règles de composition immuables ? Cela n'est pas probable.

Depuis Panselinos, l'art est tombé à un degré tel qu'on ne sait plus si les moines qui le pratiquent méritent le nom d'artistes. La première fois que j'allai dans l'atelier du peintre Anthimès, ce qui me frappa c'est que dans cet atelier il n'y avait pas de peinture, mais une suite de vases remplis de colle de poisson, de plâtre délayé, d'huiles, de mordant pour la dorure, enfin ce qui constitue le laboratoire d'un fabricant de couleurs. Je demandai à notre hôte de nous montrer quelqu'une de ses œuvres. « Nous ne faisons pas d'esquisses, me dit-il, et travaillons immédiatement sur le mur; le guide nous indique les proportions du corps humain, la disposition des figures et leurs mouvements. Le P. Macarios, mon maître, tenait ses principes du P. Nectarios, qui les lui avait transmis; » puis, prenant un pinceau qu'il trempa dans du brun rouge délayé dans l'eau, il traça un Christ sur une feuille de papier. Le contour était ferme, sans hésitation, fait avec la dextérité d'un maître d'écriture, mais ce dessin mathématique fait selon la consigne était insipide, bien qu'il n'y eût aucune faute grossière.

Dans sa préface de la traduction du *Guide du moine Denys*, M. Didron raconte qu'il vit peindre un caloyer : « En une heure, dit-il, sous nos yeux, il traça sur le mur un tableau représentant Jésus-Christ donnant à ses apôtres la mission d'évangéliser et de baptiser le monde. Il fit son esquisse de mémoire, sans carton, sans dessin, sans modèle. Ce peintre, continue M. Didron, pourrait être mis certainement sur la ligne de nos meilleurs artistes vivants, surtout lorsqu'ils exécutent de la peinture religieuse. »

Ceux-ci traitent assez mal la peinture religieuse

au point de vue liturgique, cela est vrai. Pourquoi ? Parce que l'inspiration est le mouvement et le dogme l'immobilité ; mais mise à part la question de tempérament qui fait comprendre à chacun la traduction des choses divines de manière différente, ils cherchent, et ne trouveraient-ils que la centième partie de ce qu'ils cherchent, cette partie-là est l'inspiration, ce qui constitue l'art, tandis que ces plates médiocrités de l'Athos, faites machinalement d'après un système immuable, sont sans vie et sans âme. Je ne peux voir ce qu'il y a de commun entre de semblables choses et l'art. J'ouvre le *Manuel* et je trouve ceci : « Le corps d'un homme a neuf têtes en hauteur : divisez la tête en trois parties : la première pour le front, la seconde pour le nez, la barbe pour la troisième ; faites les cheveux en dehors de la mesure de la longueur d'un nez, divisez de nouveau en trois parties la longueur entre le nez et la barbe, » etc., etc. A l'aide de ces principes et d'un compas on fait un *bonhomme*, on arrive même par l'habitude à le faire sans compas ; mais on ne fait pas une œuvre d'art. Si le beau était absolu et s'appelait Michel-Ange, chacun devrait dessiner comme Michel-Ange. Ceux qui l'ont cru n'ont fait que des pastiches assez faibles, mais Rubens, qui avait étudié Michel-Ange et la nature, a fait des Rubens. Les moines du mont Athos ont essayé de faire toujours du Panselinos, d'après des lois transmises successivement, sans se retremper dans l'étude de la nature qui donne la vie, et on ne peut mieux comparer leurs productions actuelles qu'à une traduction qui serait elle-même faite d'après un texte, résultat de cent traductions successives.

V

Hadji-Linos, le président nouvellement élu, nous remit le 23 mai la lettre surmontée du cachet qui devait nous ouvrir les portes des monastères, et le 24 nous nous mîmes en route vers les couvents de la côte orientale : un Albanais de la garde nous servait d'escorte.

Après trois heures de marche sur une pente sablonneuse, entre deux haies de noisetiers et de caroubiers, nous arrivions à Iveron, laissant à notre droite Koutloumousis encore noir d'un incendie récent.

Il n'est pas aisé de démêler un plan dans l'amas de constructions qui composent Iveron : aussi le plus court et le plus vrai est de dire qu'il n'y en a pas. L'ensemble de cette Babel d'architecture, encaissée dans un vallon sur le bord de la mer, est triste, et c'est à regret qu'on quitte les sentiers boisés de la montagne pour les porches sombres et humides, les cours froides et les galeries nauséabondes du monastère. Nous tombions là dans un couvent de cénobites, c'est-à-dire en plein jeûne, mais, grâce à un quartier de mouton que nous avait offert le voïvode de Kariès, nous pûmes satisfaire nos appétits de carnivores.

Les jeûnes sont très-fréquents chez les Grecs. Voici les époques des principaux carèmes, sans parler des abstinences en l'honneur de tel ou tel saint particulier à chaque couvent : deux mois avant Pâques, trente jours après la Pentecôte, quinze jours avant l'Assomption et quarante jours avant Noël. Le lait, le poisson et les œufs ne sont pas permis, en sorte que le menu se réduit aux olives, au caviar et à quelques racines et coquillages. Les Orientaux, habituellement très-sobres, souffrent peu de ce régime que nous ne pourrions supporter longtemps.

L'higoumène ne fit donc qu'assister à notre repas. C'était un bon homme sans façons, dépourvu d'instruction, mais ne manquant pas d'une certaine finesse qui lui tenait lieu d'esprit. Il nous fit, après le dîner, les honneurs de son petit État de la meilleure grâce du monde. D'abondantes explications nous étaient données par le logothète, personnage maigre, laid, mais instruit. Ce saint homme parlait avec une telle familiarité de Dieu, de la sainte Vierge et des saints qu'on eût pu le croire de la céleste famille, s'il n'avait pris soin de rappeler de temps en temps son origine terrestre par de bruyantes interruptions que répétaient les voûtes sonores et qui prouvaient surabondamment que l'abus des plantes crucifères est chose nuisible à la santé : le *cant* oriental autorise ces écarts que notre politesse réprouve.

. . . .

J'ai déjà dit que la fondation d'Iveron me semblait devoir être très-ancienne. On retrouve, en effet, dans les murailles des fragments de sculpture antique provenant des ruines de la ville d'*Olophizos*, ce qui permet de supposer que la construction a précédé la querelle des inconoclastes qui respectaient peu l'antiquité dans ses chefs-d'œuvre. Le logothète nous dit que ce monastère avait été élevé en l'honneur de saint Jean le Précurseur, par trois Géorgiens ou Ibériens (Jean, Euthimius et Georges, τῶν Ἰϐηρῶν, des Ibériens); quant à la date de la fondation il l'ignorait. Cet établissement est immense et ne compte pas moins de trente églises rangées autour du Catholicon. La disposition de ce dernier a été modifiée, car, à la suite d'un péristyle appuyé sur des arcs-boutants, une seule porte donne entrée dans le narthex qui se trouve, par cette économie, dans une obscurité presque complète. Il est du reste facile de voir que l'entrée principale a été murée, par le dessin transparent, sous le crépi du mur, d'une large arcade surmontée du *labarum*. Il n'y a pas là de nefs latérales : le vaisseau est en forme de trèfle. Une addition curieuse (particulière [1] aux églises de l'Athos) est celle d'absides semi-circulaires ménagées derrière le chœur pour servir de sacristie et de dépôt aux vases sacrés.

Au-dessus des plaques de faïences émaillées qui recouvrent les murs jusqu'à hauteur d'appui, commencent les peintures. Les peintures de ce dernier ont été rafraîchies en 1846. Je dis rafraîchies, parce que le jour où un higoumène, ami de la propreté, trouve que la décoration de son église est ternie, enfumée par le temps, il fait venir de Kariès un maître-peintre. On l'héberge lui et ses élèves et, en peu de temps, il remet les fresques à neuf. Dans l'intérieur le mal n'est pas complet : le peintre a conservé les contours des anciennes images, et s'est contenté de les remplir d'un badigeon blafard; mais sous le porche extérieur, sa verve, ne trouvant plus de bornes, s'est livrée aux excentricités les plus étranges, *sans sortir cependant des règles du*

---

[1] On en voit cependant un autre exemple à Saint-Jean-Théotocos de Constantinople.

Guide : il y a là une série assez peu ragoûtante de décollations, où, sans respect pour la perspective, le sang jaillit jusqu'aux derniers plans, occupés par une architecture bizarre. Ces maîtres goujats ne craignent pas de recouvrir les inspirations de Manuel Panselinos ou de tout autre maître de leurs méthodiques barbouillages, sous prétexte de restauration. Cependant, il faut l'avouer, ces peintures, qui ne supportent pas un examen sérieux, sont d'un effet décoratif presque satisfaisant.

Mais à ce côté matériel elles veulent joindre un autre rôle qui me semble moins complet : celui de l'enseignement. Il n'est pas un ornement, un agencement de détails qui ne soit combiné dans un sens mystique ou symbolique ; rébus impénétrable à l'œil et à la pensée et dont le sens est aujourd'hui souvent perdu. *Les peintures des temples sont le livre des illettrés. Pour autre chose ne sont faites les ymages, fors seulement pour montrer aux simples gens, qui ne sèvent pas l'escripture, ce qu'ils doivent croire.* Ce but n'est pas rempli par les peintres byzantins, et leur inconographie est souvent très-abstraite. En voici un exemple pris dans une de leurs compositions familières. Dans le crucifiement, au pied de la croix, est ouverte une fosse remplie d'ossements sur lesquels coule le sang du Christ. Du milieu de cette fosse sort Adam enveloppé d'un suaire; il semble se ranimer au contact du sang divin. Que signifie cette allégorie? Une légende veut que l'endroit même où fut plantée la croix, sur le Golgotha, fut le lieu de la sépulture d'Adam, et l'idée, déduite de ce fait matériel que le sang divin vient racheter l'homme qui a commis la première faute, est belle quoiqu'un peu grossière, mais l'allégorie ne s'arrête pas là et, s'appuyant sur le texte d'une autre légende qui dit que la croix de Jésus-Christ a été taillée dans un arbre venu sur la tombe même d'Adam, veut que la faute du premier homme soit figurée par ce même bois sur lequel meurt le Sauveur de l'humanité. Il n'est pas facile de démêler dans ce double symbole la cause de l'effet, mais si on comprend cependant dans cette corrélation une pensée sublime, ce n'est pas toutefois chose faite pour les *simples gens.*

La mort de l'Homme-Dieu est dans notre iconographie plus simple, et aussi plus humaine.

Pendant l'examen minutieux que nous faisions de ces peintures, l'higoumène ne cessait d'attirer notre attention sur des tableaux qu'il venait de recevoir de Russie. Rien n'est comparable au mauvais goût de cette sorte de bimbeloterie qui tire l'œil désagréablement. Les têtes et les mains seules sont peintes et ressortent maigrement d'un amas d'étoffes en relief surchargées de perles et de morceaux de métal. Les moines raffolent de ces afféteries, et Pétersbourg en inonde les couvents.

On n'oublia pas de nous mener devant deux images miraculeuses de la Vierge, en grande vénération sur la montagne. La première est au-dessus de la porte d'entrée, placée très-haut et peu visible à cause de l'épais treillage qui la recouvre. Un vieux caloyer, assis sous le porche, nous en conta l'histoire avec cette volubilité de *cicerone* qui ne tient aucun compte de la ponctuation.

Voici le résumé de cette explication en quelques mots. Théophile, patriarche d'Alexandrie, l'ennemi de saint Jean Chrysostome, ayant fait brûler quelques monastères par suite de mésintelligence avec le moine Isidore, fit disperser les images. Une de ces images, jetée à la mer, fut poussée miraculeusement devant Iveron et recueillie par un caloyer appelé Gabriel : c'est cette image de la Vierge.

La seconde est placée au fond d'une petite église dédiée aux saints apôtres : le panneau enfumé est entaillé à la hauteur du visage d'une large balafre dont s'échappent des gouttes de sang.

Vers l'an 650, disent les moines, des pirates vinrent attaquer le monastère et y pénétrèrent. Leur chef, Éthiopien d'origine, s'avança jusqu'au fond de cette chapelle et frappa la Vierge au visage d'un coup de couteau qui fit jaillir le sang de la blessure. Le corsaire, touché de ce miracle, se fit moine avec ses compagnons, et termina sa vie dans le couvent, donnant l'exemple d'une grande piété.

On n'a su, hélas! à ce nègre aucun gré de son repentir, car, outre qu'on l'a souvent peint sur les murs d'une façon peu indulgente pour son physique, on a eu l'idée de le faire figurer sous la forme d'une grosse horloge en bois. La présence de ce *Croquemitaine* s'explique mal dans un pays où il n'y a pas d'enfants.

. . . .

Au milieu de ce monde d'images dont nous voulions reproduire une grande partie, les jours nous semblaient courts, malgré la bonne volonté du soleil qui s'attarde volontiers dans ce ciel sans nuages. Aussi nous ne sortions que rarement du couvent et profitions encore d'une partie des nuits pour faire des recherches dans les illustrations des manuscrits. Voulgaris, de son côté, imaginait des raffinements inconnus pour apprêter le même poisson, l'éternel *barbouni* (espèce de rouget) sous des aspects différents. A ceux qui voyageront en Orient, je recommande Voulgaris et le merle solitaire, le merle mélomane (*turdus musicus*) qu'il accommode très-délicatement avec la menthe hachée.

. . . .

On a beaucoup chanté la vie monacale; on a célébré les louanges de ces associations qui, avec leur ferme croyance, ont laissé des monuments impérissables de leur génie. La foi du temps présent semble tendre vers un autre but et les moines d'aujourd'hui sont écrasés par ces constructions colossales du passé. Excepté aux heures de prière, ils restent peu dans le couvent et vont au dehors respirer un air plus pur que celui de leurs cellules.

Les frères lais se livrent aux travaux du jardinage, construisent des embarcations, vont à la pêche ou filent la laine pour la confection des vêtements. Pour ces différents travaux ils laissent leur lourde tunique et ne gardent qu'une culotte, costume qui, complété d'un chapeau de paille aux bords larges, leur donne la tournure de cosaques déguisés en planteurs. Plusieurs sont surveillés par des moines, car l'inviolabilité de la montagne fait que souvent, à côté des réfugiés politiques, se glissent des assassins, voleurs ou autres gens d'humeur batailleuse.

Dans les couvents grecs l'hospitalité est toute gratuite et largement pratiquée à l'égard du premier venu qui frappe à la porte, musulman, juif ou chrétien : cependant il ne faut pas oublier que les Grecs sont maîtres en l'art de la diplomatie, et qu'ils ne craignent nullement ceux qui viennent à eux les mains pleines de présents. Bien au contraire.

Parmi le peu d'étrangers qui ont séjourné ici, nous disait l'higoumène, plusieurs sont tombés malades, malgré la salubrité du climat. Cela n'a rien en effet qui doive surprendre. Il est évident que celui que n'attire là aucun intérêt artistique, ne doit pas tarder à être atteint d'un spleen précoce. Le régime monacal est mauvais, les appartements pratiqués dans les galeries extérieures sont intolérables dans le jour à cause de la chaleur, la propreté est douteuse, et les sentiers de la montagne sont peu praticables. Il ne resterait donc, outre l'accueil gracieux qu'on reçoit et le charme assez rare de la conversation des moines, que le spectacle de la nature, splendide dans ses effets les plus gigantesques, si la règle des couvents ne faisait fermer les portes au coucher du soleil et ne vous réduisait à la contemplation de l'horizon immense du haut d'un balcon accroché sous les toits comme un nid d'hirondelles. Une de nos distractions était, pendant la nuit, quand les simandres réveillaient les échos endormis du monastère, de voir apparaître successivement sur les galeries les moines à peine éveillés, se dirigeant vers l'église d'un pas chancelant, armés de petites lampes à la lueur tremblotante. Cela nous représentait, avec ces acteurs cassés par l'âge et vêtus de leurs tuniques longues comme des suaires, quelque chose comme une répétition du Jugement dernier, figuré dans les *vieux almanachs*.

Il nous prit fantaisie, un matin, de visiter le monastère de Stavronikas (σταυρός, croix, νίκη, victoire), à deux kilomètres à peu près d'Iveron. L'higoumène nous donna une barque avec deux moines. P. Nyphon et P. Pacôme avaient les bras solides et, en quelques coups d'avirons, ils nous débarquèrent sur une plage fleurie de myrtes et de rosiers. Nous gagnâmes de là le monastère dont la construction, surmontée d'un donjon carré, flanqué de tourillons en cul-de-lampe et surveillée à l'entrée par deux échauguettes haut placées, offre un appareil militaire complet. On nous avait vanté à Kariès les peintures de Stavronikitas, mais le moment de notre visite était mal choisi; presque toutes les églises étaient fermées. On réparait l'intérieur de la cour et il pleuvait des moellons avec accompagnement continu de la scie et du marteau. Ce que nous vîmes de plus surprenant était un moine dormant au milieu de ce vacarme.

Après avoir pris à la hâte quelques croquis, un entre autres dans le Catholicon, d'après une belle image de saint Nicolas[1], nous regagnâmes la barque. « Avez-vous vu, nous dit le P. Pacôme, l'image miraculeuse? » Nous ne l'avions pas vue, mais nous n'en eûmes aucun regret, étant déjà habitués à ces exhibitions qui se répètent dans tous les couvents et n'offrent le plus souvent rien de remarquable au point de vue de l'art.

Les miracles sont aussi fréquents dans l'Église d'Orient que dans aucune autre, et par ce moyen les prêtres entretiennent comme ailleurs la superstition.

Nous eûmes le lendemain à Iveron une preuve de cette sainte ignorance. Il y a, à la porte des couvents, de petites chapelles funéraires, appelées *kimisis*, dans lesquelles on dépose les cadavres des moines. J'étais assis avec Schranz dans un de ces caveaux abandonné depuis longtemps et encombré d'ossements. Nous étions là, absorbés dans des études phrénologiques, quand entra Ianni, notre cavas albanais :

« Voilà un crâne de *vroucolacas*[2] (possédé), dit-il,

[1] Saint Nicolas est en grande vénération chez les Grecs. Quand les empereurs byzantins se mettaient en campagne, ils se faisaient précéder d'un étendard en haut duquel était enchâssé un doigt de saint Nicolas.

[2] Thévenot, parlant des moines du couvent de Niamounia à Chios, dit que quand ils meurent on les porte tout habillés dans une église dédiée à saint Luc, laquelle est hors du cou-

me désignant celui que je tenais à la main ; il a les dents noires. — Cela prouve tout au plus qu'il les avait mauvaises, répliqua Schranz. — Vous n'avez donc jamais vu de vroucolacas, effendi ? — Non. — En as-tu vu, toi ? — Oui ! Il y avait à Kavala un homme qui s'appelait Makalakis, qui avait le mauvais œil et qui toute sa vie avait fait du mal aux autres hommes. Quand il traversait le champ du voisin, le tabac mourait sur pied, et les femmes qu'il regardait devenaient stériles. Un jour on le trouva mort près du *tsarchi*. Il était noir comme ceux qui meurent de la peste. « Voilà qui est mauvais, » dit le pappas. Pendant toute une année, Makalakis ne cessa de rôder autour des maisons voisines. On alla chercher le pappas, et on deterra Makalakis : son corps était toujours noir et ses chairs étaient fermes, comme s'il fût mort la veille. « Allons chercher l'évêque, » dit le pappas. Et quand vint l'évêque, qui était un saint homme, les chairs se décomposèrent, mais les os restèrent noirs, et cela n'est pas naturel, effendi.

Ce crâne que vous tenez là est celui d'un vroucolacas.

vent, et on les met sur une grille de fer : si quelques-uns de ces cadavres ne se corrompent point, les autres moines disent que c'est signe qu'ils sont excommuniés. (Thévenot, *Voyage dans le Levant*, p. 180.)

Comme nous en parlions le soir au logothète :
« Cela est vrai, » nous répondit-il froidement. Nous
n'eûmes garde d'insister.

C'était au demeurant un fort aimable homme que
ce logothète et nous ne voulions pas le contrarier.
Nous passions une partie des soirées avec lui dans
la bibliothèque du Catholicon. La facilité avec
laquelle Schranz parle cinq ou six langues nous
avait engagé à faire quelques recherches, mais
c'eût été un vrai travail de géants, et la poussière
que renfermaient ces piles de livres ne tardait pas à
rendre le séjour de l'étroite chambre intolérable.
Les recherches jusqu'à ce jour ont été malheureusement peu fructueuses : Le seront-elles ? Jean
Belon[1] un des seuls voyageurs qui aient écrit
sur l'Athos, dit que les prélats de l'Église grecque,
ennemis de la philosophie, excommunièrent tous
les prêtres et religieux qui tiendraient livres, et en
écriraient, ou liraient autres qu'en théologie, et
qu'ainsi plusieurs livres ont été ruinés et perdus.
« Voulez-vous savoir positivement, dit M. Descha-
nel, dans son livre sur Sapho, comment furent

---

[1] Belon, naturaliste du seizième siècle, dans son livre des
Singularités, a consacré quelques pages rapides *à la description du mont Athos et des choses mémorables qu'on y trouve.*
(Voy. Belon, *Singularités*, imprimé à Paris par Benoist Pre-
vost, 1555.)

perdues tant d'œuvres d'un si grand prix? écoutez
un témoin irrécusable en cette question, un pape.
Halcyonius, savant du seizième siècle, fait parler
ainsi Jean de Médicis, qui fut plus tard Léon X.
« J'ai entendu dire dans mon enfance à Démétrius
« Chalcondyle, homme très-savant dans les lettres
« grecques, que des prêtres chrétiens avaient eu
« assez de crédit auprès des empereurs byzantins
« pour obtenir d'eux la faveur de brûler en entier
« un grand nombre d'ouvrages des anciens poëtes
« grecs. On les remplaça (ajoutait-il avec un peu
« de malice, ce me semble) par les poëmes de notre
« Grégoire de Nazianze, qui, s'ils inspirent des sen-
« timents religieux, ne peuvent pas cependant pré-
« tendre à une élégance aussi attique. Si ces prêtres
« ont été honteusement impies envers les poëtes
« grecs, ils ont donné un grand témoignage de piété
« catholique. »

VII

Le 2 juin nous prîmes congé de l'higoumène pour
gagner Philotheos, à dos de mulet, les seules mon-
tures dont se servent les moines. L'équipement de
ces animaux est de la plus grande simplicité : un bât
surmonté de quatre pieux, placés comme les quatre
points cardinaux, une couverture en laine, des
étriers en corde, un bridon également en corde et
une ou plusieurs clochettes selon le degré d'affection que les caloyers portent à l'animal. Après un
certain temps d'étude, on arrive à être médiocre-
ment bien sur ce siége, quand le sentier monte,
mais quand il descend, on est inévitablement fort
mal. La route monte toujours d'Iveron à Philotheos
et tout allait pour le mieux, quand le premier mulet
arriva devant un ravin large d'un mètre environ,
au fond duquel courait un torrent d'eau rapide.
L'animal s'arrêta, regarda couler l'eau et ne bougea
pas. Le P. Pacôme adressa au quadrupède quelques

douces paroles, le P. Nyphon en vint aux reproches :
immobilité complète. Enfin l'un des deux moines
ayant eu l'idée de sauter de l'autre côté, l'animal
l'imita et après lui tous ses compagnons, mais
cela non sans douleur pour les cavaliers dans
la partie atteinte par le contre-coup. Cet exercice
renouvelé plusieurs fois jusqu'à notre arrivée nous
retarda, et peu s'en fallut que la herse du couvent
ne fût levée et que nous ne fussions forcés de coucher dans le *xenodokion* (on appelle ainsi un hangar
ou kervansaraï, placé en dehors du couvent, qui
sert d'asile aux voyageurs attardés. Chaque soir,
une demi-heure avant le coucher du soleil, les
moines se réunissent et prient pour les égarés pendant que les simandres font résonner au loin les
échos de la montagne. Un caloyer veille toute la
nuit dans le xenodokion et donne des vivres aux
hommes et de l'orge aux mulets en attendant l'ouverture des portes).

Philotheos a été fondé au dixième siècle, par
trois caloyers de l'Olympe, Arsène, Denis et Philotheos. Le supérieur, auprès de qui nous fûmes introduits, devait, je pense, n'avoir pas beaucoup moins
d'un siècle. Il avait pris une part active à la guerre
de 1821, et quand il prononçait les mots d'indépendance et de liberté, son regard reprenait toute
l'énergie et la fierté de la jeunesse : chose surpre-

nante pour nous qui voyons le plus souvent les idées généreuses décroître avec l'âge et l'amour de la liberté traité d'inexpérience et de maladie de jeunesse. Il était de ceux qui, laissant leur retraite, descendirent dans la plaine tenant la croix d'une main et le fusil de l'autre. Ce fut, chose triste à dire, le petit nombre. « La pendaison d'un patriarche, dit un peu sévèrement Pouqueville, était pour quelques-uns d'eux une bonne fortune qui donnait l'espoir d'avancer aux higoumènes, parmi lesquels on choisit le haut clergé, et pourvu qu'on ne touchât pas à ses revenus, l'égoïsme monacal aurait appris sans regret le naufrage complet de la patrie. » Les quelques moines qui prirent part à la lutte se mêlèrent aux Grecs, soulevés dans la Macédoine. Diamantis, à la tête de ses Albanais, vint les appuyer, s'établit dans la presqu'île de Pallène, en face de l'Athos et battit Yousouf-bey dans une première rencontre ; mais les Turcs revinrent commandés par Abouloudoub, pacha de Salonique : la lutte fut longue, sanglante, et les Grecs durent plier devant le nombre. La panique se répandit alors sur la sainte Montagne. Les moines laissèrent Kariès, embarquèrent leurs trésors et se fortifièrent dans les couvents de Zographos et de Hierophon. Aboulou-doub n'osant attaquer de front ces remparts formidables, fit faire des propositions de paix aux moines,

leur jurant que leurs propriétés seraient respectées, mais qu'il était de toute nécessité qu'il mît
chez eux une garnison. Ces propositions furent
écoutées et une fois que le pacha eut mis le pied
dans les couvents, il les livra au pillage. Les moines prudents avaient fait transporter tous leurs
trésors, leurs reliques et une partie de l'artillerie à
Lavra, ce qui donna le temps à l'amiral Combasis
qui croisait devant Thasos, de sauver leurs richesses. Transportées à Égine, elles furent rappor-
tées plus tard sur l'Athos.

Le plan de Philotheos, avec ses nombreux ateliers rangés autour du Catholicon, prouve que,
non-seulement les industries [1], mais les arts de tous
genres étaient pratiqués dans les couvents, particulièrement l'orfévrerie et l'émaillerie. On y faisait
aussi les mosaïques (psiphyses), les pâtes de verre,
les terres cuites qu'on mêlait au porphyre et au
marbre dans le pavage des basiliques. Aujourd'hui,
outre la peinture, la gravure et l'architecture, ces
deux premières tombées très-bas, la sculpture sur
bois s'est seule maintenue et à un rare degré de

---

[1] Dans les monastères de l'Occident, réglés sur ceux de
l'Orient, il en fut longtemps ainsi, et les moines ne cessèrent
de construire eux-mêmes leurs habitations qu'au treizième
siècle, époque à laquelle les confréries maçonniques prirent
naissance.

perfection. Les moines fouillent en plein bois de vastes compositions avec une habileté inouïe; j'ai vu au mont Athos des croix, des triptyques, des iconostases (barrières qui séparent le chœur de l'église), des stalles, vraies merveilles de patience et de fantaisie originale. Le P. Agatangelos, un maître en ce genre de travail, avait envoyé à l'Exposition universelle de 1855 un dessus de livre très-remarquable, qui fut très-remarqué et qui ne le cédait en rien au chef-d'œuvre enchâssé d'or qu'on montre dans le trésor de Kariès. Le *diaconicon* de Philotheos est encore très-riche en orfévrerie. On nous fit voir la couverture d'un manuscrit slave en repoussé qui est une merveille. Nous avions déjà pu à Kariès, grâce à l'obligeance des membres de l'épistasie, reproduire deux croix, l'une émaillée sur arabesques, l'autre en bois enchâssée d'or.

Beaucoup de ces chefs-d'œuvre ont été malheureusement détruits pendant les croisades. On sait les atrocités que se permirent les croisés après la prise de Constantinople en 1204, atrocités qui se reproduisirent dans tout l'empire. Les soldats rompirent les châsses et les reliquaires pour prendre l'or, l'argent, les pierreries. «Voilà ce que vous avez fait, dit l'historien Nicétas, vous qui prétendez être savants, sages, fidèles à vos serments, amis de la vérité, ennemis des méchants, plus religieux et plus justes que nous autres Grecs et plus exacts observateurs des- préceptes de Jésus-Christ. Les Sarrasins n'en ont pas usé de même que vous qui portez la croix sur vos épaules. Ils ont traité vos compatriotes avec humanité à la prise de Jérusalem. Ils n'ont point insulté aux femmes ni ensanglanté le temple. Comment nous avez-vous traités nous chrétiens, vous chrétiens? »

Les croisés n'en continuèrent pas moins leurs méfaits, et plus d'un de ces bandits est aujourd'hui canonisé.

En quittant Philotheos nous descendîmes vers le couvent de Caracallos dédié aux apôtres Pierre et Paul par Jean-Antoine Caracallos. La montagne tombe de là presque à pic, et la vue s'étend du côté de l'Orient jusqu'à Samotraki, Imbros et Tenedos.

On nous installa dans une chambre dont les divans, contre l'ordinaire, étaient assez confortablement rembourrés, et nous allions nous y laisser aller aux douceurs du kief, quand survint le P. orateur. Depuis l'âge de dix-huit ans ce cénobite habitait la montagne, et il était fort âgé. Au dire des caloyers, qui le considéraient comme un saint, il répandait déjà une odeur d'encens : étrange illusion de la foi! Le dogme de la procession du Saint-Esprit était le thème favori du vieillard, et à ce propos il nous dit d'assez vilaines choses sur le compte du monastère de Lavra son voisin.

Voici la raison du peu de considération dont jouit ce dernier auprès de ses confrères. En 1277, Lavra accueillit le patriarche Veccus. Or, Veccus venait d'excommunier les Grecs qui refusaient de reconnaître le pape. Les autres couvents furent d'autant plus irrités contre Lavra, que les violences qu'avait exercées Michel Paléologue [1] au nom de cette excommunication avaient déjà aigri les esprits. Les fils de Michel Comnène, Nicéphore et Jean, forts de l'appui du clergé, se révoltèrent contre Paléologue, et la lutte fut ouvertement déclarée entre les partisans de l'union et ses adversaires. Le pape Nicolas envoya quatre légats en Orient : Barthélemy de Grossetto, Barthélemy de Sienne, Philippe de Pérouse et Ange d'Orviette, munis d'instructions qui se terminaient ainsi : « Vous devez prendre garde que par une lettre que nous vous adressons nous vous donnons pouvoir d'excommunier tous ceux qui troubleront l'affaire de l'union, de quelque dignité qu'ils soient, de mettre leurs biens en interdit, et de procéder contre eux spiri-

---

[1] Michel Paléologue avait fait aveugler les princes Manuel et Isaac, qui tenaient contre l'union, et cette exécution avait eu lieu devant Veccus, à qui les deux princes reprochaient qu'ils souffraient ce supplice pour la créance qu'il avait professée.

tuellement et temporellement, comme vous le ju-
gerez à propos. »

On procéda temporellement contre les moines de
l'Athos, et, dans beaucoup de couvents, des fresques représentent Nicolas III dirigeant en personne
les incendiaires, allégorie que les moines ignorants
prennent à la lettre. A l'extrémité de la montagne
un monastère est appelé Kiliandari, parce que devant ses portes on massacra mille moines.

Le P. Nectarios n'était pas le premier qui nous
parlait de cette question de l'union, si souvent dé-
battue, approuvée, puis rejetée, et tout dernièrement encore remise sur le tapis par des livres et
des brochures.

Personne n'ignore que les dissidences dogmati-
ques ont servi de prétexte au désir qu'avait l'Église
de Constantinople de s'arracher à la domination du
pape, et que la différence des langues, jointe à la
haine ancienne des Grecs et des Latins, rendit cette
séparation facile. Depuis cette séparation, et il faudrait remonter jusqu'au cinquième siècle pour en
trouver les premiers germes, les conciles assemblés
successivement ne cessèrent de discuter [1].

---

[1] Le clergé grec est aujourd'hui très-ignorant, et quelques
rares ministres de ce clergé seraient en état de discuter les
questions de dogmes.

On pourra se faire une idée des griefs que lui reprochent

Les excommunications volaient de Rome à Constantinople, et de Constantinople à Rome. En 845, Nicolas excommunie Photius, Photius excommunie Nicolas. Deux cents ans après, le pape lance de nouvelles foudres contre Cerularius ; Cerularius riposte par un anathème. Après le sac de Constantinople par les croisés en 1204, Innocent III écrit : « Dieu, voulant consoler son Église, a fait passer l'empire des Grecs superbes et désolés aux Latins humbles, pieux, catholiques et soumis. »

Les deux Églises sont, en effet, irréconciliables, et voici ce que dit à cet égard une autorité qu'on ne peut accuser de partialité pour les Grecs, l'abbé Fleury. « Deux raisons spécieuses, dit-il, engagèrent Innocent III à approuver les croisés. D'un côté on disait : Ce sont les Grecs qui ont le plus nui au succès des croisades. » D'ailleurs on disait : « Ce sont des schismatiques obstinés, des enfants de l'Église révoltés contre elle depuis plusieurs siècles, qui méritent d'être châtiés. Si la crainte de nos armes les ramène à leur devoir, à la bonne heure, sinon il faut les exterminer et repeupler le pays de

ses adversaires, en lisant *l'Église orientale*, par Jacques Pitzypios. (Rome, impr. de la Propagande, 1855.) La vraie dissidence, la seule, est la *suprématie du pape* ; c'est elle qui a séparé, qui sépare et qui probablement séparera toujours les deux Églises.

catholiques. » Mais on se trompa. La conquête de Constantinople attira la perte de la terre-sainte et rendit le schisme des Grecs définitif. Cette conquête et les guerres qu'elle attira ébranlèrent tellement l'empire grec, qu'elles donnèrent occasion aux Turcs de le renverser deux cents ans après. »

On entretient encore aujourd'hui avec un grand soin l'animosité de part et d'autre. J'ai entendu un missionnaire, qui revenait d'Orient et devait être bien informé, parler des chrétiens grecs à peu près comme s'il eût été question de Cafres ou de Hottentots, et bon nombre de Grecs voient toujours dans les Latins les pillards de 1204.

VIII

Le 6 juin nous abordions au port de Lavra. Ce port est à l'extrémité orientale de la montagne dominée par le couvent de ce nom. Nulle part sur l'Athos il n'y a d'endroit plus sec. Le sol est crevassé et les couches de rochers mises à nu par le vent de la mer. A l'époque florissante des couvents, celui-ci était le premier, le plus vaste, le plus peuplé et le plus riche. Il n'est plus aujourd'hui qu'en troisième ligne. Ses longs portiques sont muets comme des tombeaux. Les tours et les bastions tombent en décomposition, et çà et là, aux galeries abandonnées pendent des touffes de lierre.

C'est à Lavra que débarqua le peintre Papety, en 1844. Il y fut assez mal accueilli; mais il s'en inquiéta peu et releva, d'après Panselinos, les dessins que possède aujourd'hui le Louvre. L'œuvre du maître est, en effet, là dans toute sa splendeur, œuvre complète qui comprend presque tous les sujets de la Bible et la vie de Jésus-Christ.

On peut faire à Lavra une étude complète de l'art byzantin par le rapprochement intéressant des fresques de la Trapeza d'une époque antérieure à Panselinos. A deux pas des compositions du maître au jet ferme et grandiose, ces minces figures étroitement drapées s'enlèvent sur un fond d'or avec une roideur tout académique. Je me sers du mot acamique n'en connaissant pas qui rende mieux ce fait de l'inspiration maladroite de l'antique.

Ce qui me semble avoir été merveilleusement compris par les Byzantins est l'effet décoratif, effet rendu même alors que le côté technique de l'art leur fait défaut. Les compositions de Panselinos se recommandent surtout par ce goût parfait dans l'agencement, et il est impossible d'imaginer quelque chose de plus simple et de plus sûr que la décoration du catholicon de Lavra; la facilité d'invention et le calme des lignes sont tels que l'ensemble paraît tout d'abord froid à nos yeux habitués aux raccourcis savants et aux perspectives puissantes des peintres de Venise, mais on ne tarde pas à se familiariser avec cette sobriété, et l'ordonnance générale paraît si complétement entendue qu'on est tenté de croire que Panselinos fut en même temps le peintre et l'architecte. La disposition des basiliques byzantines se prête du reste, on ne peut mieux à la décoration. (En France on connaît peu l'architecture byzantine, et je ne crois pas qu'il y ait de monuments autres que les églises de Souillac et de Périgueux qui soient purement de ce style [1], qu'on a confondu souvent avec le style roman, qui a en effet accolé à ses réminiscences romaines des emprunts faits aux Byzantins. Sans entrer dans les différences de détails, les églises du style roman cherchent dans leurs plans des proportions symétriques qui n'existent pas dans les basiliques byzantines. Dans ces dernières, au contraire, la partie circulaire surmontée de la coupole principale était très-développée comparativement au reste de l'édifice, ce qui du centre permet à l'œil une libre circulation dans toutes les parties.)

A Lavra, Panselinos a suivi le même ordre de décoration qu'à l'église de Kariès; mais la pluie n'a respecté qu'une faible partie de l'œuvre du maître dans le catholicon de Kariès, resté découvert pendant soixante-dix ans. De grandes figures à mi-

---

[1] De Salonique au mont Athos, on peut suivre l'architecture byzantine dans ses transformations, depuis la forme allongée jusqu'à la disposition en croix grecque adoptée sous Justinien, et appelée γαμμαδα : la combinaison des quatre *gamma* donne le chiffre *trois*, et rappelle ainsi la Trinité.

Ce dernier plan n'a pas subi de modifications bien sensibles, et les moines architectes le copient fidèlement aujourd'hui.

corps occupent la base des murs et sont séparées des figures de la voûte par une suite de compositions de dimensions moins grandes. Voici l'ordre : au fond de la grande coupole, le Christ ; au-dessous, les anges, archanges et chérubins ; à gauche en regardant le chœur : Jésus devant Pilate, la Passion (admirable composition divisée en trois parties) et la Résurrection ; au-dessous et au-dessus de la bande d'émaux qui surmonte les stalles, les saints guerriers martyrs, saint Georges, saint Démétrius, saint Procope, saint Théodore et saint Mercure (reproduit par Papety) ; à droite, Jésus devant les docteurs, le Massacre des Innocents, l'Entrée de Jésus-Christ à Jérusalem et l'Annonciation ; au-dessus de la porte du narthex, la Mort de la Vierge.

Devant les portes de bronze du narthex, données par Nicéphore Phocas, s'élève sur de minces colonnettes, le baptistère appelé chez les Grecs la *phiale* [1]. Sur le bord du bassin, à côté de deux lions d'exécu-

---

[1] Cette fontaine est appelée par Eusèbe *basilicæ lavacrum*. C'est là que les premiers chrétiens faisaient les ablutions exigées avant d'entrer dans le temple, usage conservé par Mahomet dans le Koran. Cette fontaine servait aussi de baptistère et était séparée de l'église, comme cela se voit encore dans certaines villes de l'Italie. La veille de l'Épiphanie on y fait la bénédiction solennelle de l'eau en mémoire du baptême de Jésus-Christ.

tion médiocre, destinés à soutenir les cierges, des groupes d'oiseaux sculptés dans le marbre boivent au vase sacré, image de la communion. A la voûte est peinte la Vierge avec ce monogramme : ἡ Ζωοτόκος Πηγή, la source qui donne la vie, et sur un des pendentifs, saint Athanase frappant un rocher d'où jaillit une source.

Ce fait se rapporte à la légende suivante : pendant que saint Athanase construisait le monastère de Lavra les envoyés de Satan desséchèrent les cours d'eau : le saint s'adressa à la Vierge sa protectrice, qui lui remit une baguette en fer et lui ordonna d'en frapper un rocher. On montre la baguette dans le *diaconicon* et la source à quelques pas du monastère. Dans les nombreux miracles que les caloyers attribuent à saint Athanase, la force aussi musculaire joue un grand rôle, et les légendes cessent d'être miraculeuses quand on voit les tibias énormes du saint pieusement conservés dans une châsse d'un travail exquis.

Le président du conseil des Épitropes, le P. Melchisédek, nous montrait les reliques et les richesses du trésor avec un certain orgueil, car Lavra est toujours resté le couvent le plus riche en ornements de tout l'Athos. Il serait très-long d'énumérer ici les reliquaires, les croix, les ostensoirs qu'on nous fit passer devant les yeux. Je citerai seulement un tabernacle en or avec émaux chamlevés reproduisant une basilique. Ce tabernacle ne sort de l'église qu'aux jours de grandes fêtes. On voulut bien nous laisser reproduire au soleil ce chef-d'œuvre, preuve de confiance que je devais à une consultation médicale, couronnée d'un plein succès.

Les moines vivent dans la plus complète ignorance de la médecine et des médecins, ce qui ne les empêche pas de passer souvent la centaine. A notre arrivée dans le couvent, la communauté, qui relevait d'un long jeûne au caviar et aux olives, avait les yeux caves, le faciès mauvais, le pouls irrégulier et l'humeur maussade : une distribution général de calomel fit merveille et le lendemain chacun avait le teint rose et frais, le sourire facile et la repartie joyeuse ; on m'eût, je crois, si je l'avais demandé, donné le monastère, avec d'autant moins de regret qu'il a l'air de peser sur les épaules de ces pauvres moines. Tout autour de cette trop vaste habitation, ils ont élevé des skites et des cellules où ils se tiennent habituellement.

IX

Depuis que nous avions mis le pied sur l'Athos et
que nous allions de couvent en couvent, nous en-
dormant chaque soir derrière les ponts-levis au
milieu du lugubre peuple des moines, il nous
semblait que nous voyagions en plein moyen âge :
à Lavra nous retrouvions l'Europe. La vieille foi
chrétienne est malade un peu partout, elle se
meurt dans le monastère de Saint-Athanase. C'était
un couvent de cénobites, c'est aujourd'hui un couvent libre, dans trente ans ce ne sera plus un
couvent : les moines s'ennuient. Ils ne lisent plus
les vieux préceptes gravés sur les murs ; ils racon-
tent les miracles d'un air de doute, regardent au
loin les bateaux à vapeur passer dans la brume de
l'horizon et vont plus volontiers à Constantinople
qu'en pèlerinage à Sainte-Anne sur la cime de la
montagne.

Cette chapelle est placée au-dessous de la région neigeuse.

L'Athos[1] a cela de commun avec les autres montagnes qu'il est très-fatigant d'y monter et qu'une fois en haut on n'y voit rien, que le brouillard et les images en relief de la chapelle Sainte-Anne... Ce dernier spectacle est extraordinaire, au milieu de la chrétienté grecque qui ne tolère pas ordinairement les statues.

La conservation de ces bas-reliefs se rattache à la querelle des iconoclastes. Le culte des images depuis longtemps proscrit par les évêques d'Égypte, qui voyaient ainsi un moyen prompt et radical de faire disparaître *les idoles*, fut interdit en Orient par Léon l'Isaurien. Pendant l'été de l'année 726, indiction neuvième, dit Théophane dans ses *Annales*, il sortit une épaisse fumée, comme d'une fournaise ardente, entre les îles de Thera et Theresia de l'Archipel; la mer s'élevant à gros bouillons, jeta quantité de pierres ponces de tous côtés, sur les terres voisines d'Asie et d'Europe, et il parut une île nouvelle près de l'île d'Hiera. Quoique de pareils accidents arrivent de temps en temps, l'empereur

---

[1] C'est dans cette partie élevée de l'Athos où se trouve la chapelle Sainte-Anne, que le sculpteur Demophile voulait tailler une statue gigantesque d'Alexandre tenant d'une main une ville et de l'autre la source d'un torrent.

Léon prit celui-ci pour un prodige et pour une marque
de la colère de Dieu irrité de l'honneur qu'on rendait aux images. Car il s'était mis ou on leur avait
mis dans l'esprit que c'était une idolâtrie. Donc,
après la dixième année de son règne, l'an de J. C.
727, ayant assemblé le peuple, il dit publiquement
que faire des images était un acte d'idolâtrie ; et
que par conséquent on ne devait pas les adorer. Ce
fut là l'origine de la querelle[1]. Saint Jean de Damas
fut un des défenseurs les plus ardents du culte des
images. Les empereurs persécutèrent ceux qui
tenaient pour Jean. Constantin Copronyme ordonna
que les églises fussent blanchies à la chaux, et
assembla un concile qui condamna les idolâtres.
En 787, le concile de Nicée condamna à son tour
ces puritains, mais la querelle continua jusqu'en
842. Cette année, mourut l'empereur Théophile,
laissant l'empire à son fils Michel sous la tutelle de
Théodora Despuna. Théodora éleva au patriarcat
Méthodius, défenseur des images, et la nuit du
premier dimanche de carême les images furent
rétablies solennellement. On nomma cette fête la
fête de l'Orthodoxie, et l'église grecque prit alors
le nom d'Église orthodoxe. Depuis cette époque on
célèbre ce même jour chaque année. On y chante

---

[1] Cette même querelle s'est produite depuis chez les Albi-
geois, les Hussites, les Réformés et les Vaudois.

à l'office de la nuit un hymne du confesseur Théophane de Jérusalem, en récompense de ses souffrances, et on y lit une légende qui contient l'histoire de l'hérésie des iconoclastes, mêlée de quelques fables.

Les statues et images en relief restèrent cependant proscrites à cause de leur ressemblance avec *les idoles*, et dans aucune église grecque on ne trouve des statues, excepté à la chapelle de Sainte-Anne. Les moines donnent pour raison de cette infraction à la règle la fréquence des orages qui n'a permis de conserver sur ce pic élevé que des images en bronze.

. . . .

Malgré le désir qu'avait le P. Melchisédek de nous retenir à Lavra, nous en partîmes le 14 juin. Ce jour-là la chaleur était accablante; aucun souffle n'agitait l'air, et les ombres semblaient clouées sur le sol. Les deux caloyers, qui devaient nous conduire en barque jusqu'au couvent de Pantocrator, montraient du doigt le ciel avec un hochement de tête qui ne présageait rien de bon. Il n'y avait pas une heure en effet que nous étions partis que les nuages envahirent le ciel, la mer devint livide et le vent hésitant fit battre la voile le long du mât. Les moines gémissaient disant que nous serions punis de notre imprudence; mais il était trop tard

pour se plaindre : il eût été en ce moment dange-
reux de chercher la côte, qui présentait une muraille
inaccessible de rochers : chacun fit donc force de
rame ; une demi-clarté tombait encore sur la foule
pressée des vagues et permettait de se diriger ;
mais l'obscurité ne tarda pas à devenir complète,
et l'orage éclata avec un fracas épouvantable au-
dessus de nos têtes ; la bourrasque, augmentant de
violence, arrivait par rafales furibondes qui nous
faisaient croire à chaque instant que nous allions
chavirer.

.... Enfin, à neuf heures, nous arrivâmes devant
le couvent de Pantocrator, mouillés, autant qu'on
peut l'être, d'un mélange de l'eau de la mer et de
l'eau du ciel, mais beaucoup plus de la première
qui avait enlevé toute la partie supérieure d'un
bordage et fort endommagé le gouvernail. On cria
dans le couvent au miracle, et nous vîmes le moment où on allait canoniser, séance tenante, les
deux caloyers ; car il est bien entendu que nous
autres n'étions pour rien en cette intervention
divine. Ce qu'on fit de plus sage fut de nous donner
à chacun une bonne houppelande fourrée dans
laquelle nous dînâmes, avec cette béatitude qu'on
éprouve quand le vent mugit au dehors et qu'on est
au dedans chaudement attablé avec de gais compagnons.

. . . .

Ayant l'intention de revenir plus tard à Pantocrator, nous demandâmes aux Épitropes des mulets
pour gagner Vatopédi dès le lendemain. Vatopédi
est à trois quarts de lieue de Pantocrator.

Il était encore de bonne heure quand nous partîmes, la brume du matin était à peine transparente : les abeilles bourdonnaient dans l'herbe
humide encore de l'orage de la veille, et les papil-
lons séchaient leurs couleurs éclatantes aux premiers rayons du soleil. Les moines circulent si
rarement sur la montagne que les oiseaux, peu
habitués à voir des êtres de notre espèce, se penchaient curieusement sur les branches, et rien
n'était plus gai que cette petite troupe sautant sans
frayeur de branche en branche en secouant les dernières gouttelettes de rosée. Après deux heures de
marche apparut, derrière un rideau de platanes, la
face grisâtre du couvent.

Au-dessus de la porte d'entrée, trois moines
grimpés sur un échafaudage, peignaient à fresque
la muraille extérieure. L'un d'eux se retourna,
c'était notre hôte, l'archimandrite Anthimès. L'occasion était trop belle pour la manquer, et nous
nous mîmes en observation devant les trois peintres, qui en une heure achevèrent plus de deux
mètres carrés de peinture avec une merveilleuse

facilité. Voici comment ils procèdent. Ils revêtent le mur mis à nu d'une couche égale de chaux et de paille hachée menu et ne couvrent que ce qu'ils peuvent achever dans la journée. Cet enduit bien étalé, le maître mesure à l'aide d'un compas fait de deux morceaux de roseau la place que doit occuper chaque figure ; puis, avec du brun rouge délayé dans la colle de poisson, il indique les contours ; l'élève alors remplit ces lignes d'un ton plat sur lequel le maître relève les lumières et accuse les ombres : l'ombre toujours répartie également sur les côtés et la lumière au centre. Après l'indication générale des figures par teintes plates, l'ensemble n'est pas désagréable à l'œil ; mais, à mesure que le peintre indique les détails et pose brutalement ses lumières, l'aspect devient heurté et criard. Cela tient, comme je l'ai dit, au sentiment peu artistique qui les guide, car les procédés naturels que leur a transmis la tradition sont loin d'être mauvais.

Ces fresques représentaient les saints philosophes parmi lesquels Solon, Aristote, Sophocle et Platon : hommage à la philosophie païenne qu'on rencontre fréquemment dans les églises du rite grec.

.   .   .   .

Vatopédi n'est qu'un amas de toits ternes, de coupoles bronzées et de tours dentelées, entassement prétentieux que fait paraître mesquin le voisinage des hardis escarpements de la montagne. Sa situation est privilégiée. Placé au bord de la mer dans une gorge abritée des vents du midi par de hautes forêts, l'air y est le soir assez frais et le soleil vient égayer ses cours plus vastes que celles des autres couvents. Cet établissement est le plus peuplé de la montagne, par conséquent celui dont les environs sont les plus cultivés. Il ne faudrait pas croire cependant pour cela que les moines soient très-exigeants envers le sol qui donne à pleines mains tout ce qu'on lui demande. Quand les pentes ne sont pas trop roides, ils y montent et ensemencent ; ailleurs ils laissent venir les arbres selon leur caprice, cueillent les fruits qui pendent aux branches basses et mangent les autres quand ils tombent.

. . . .

A la fondation de ce monastère se rattache une anecdote qui, selon toute apparence, n'est qu'une fable. Les fils de Théodose, Arcadius et Honorius, venaient de Naples à Constantinople avec leur mère quand ils furent, à la hauteur d'Imbros, assaillis par une tempête. Arcadius tomba à la mer et fut retrouvé par les ermites du mont Athos couché sur une touffe de framboisier (βάτος, framboisier). Les ermites, reconnaissant à la beauté de l'enfant son origine royale, le portèrent à Constantinople, et, lorsque Arcadius succéda à son père, il fit élever, à l'endroit même où il avait été poussé par la mer, un couvent auquel il donna le nom de Vatopédi de (βάτος, framboisier; παιδίον, enfant).

Une autre légende veut que le monastère de Vatopédi ait été fondé par un prince de Blakie, prince catholique. Ce qui ferait ajouter foi à cette légende, c'est que le couvent de Vatopédi a longtemps reçu des secours de Rome, et que dans un vieux pan de murailles est encastré un petit bas-relief représentant cette donation faite à la Vierge par le prince.

L'école de théologie qu'y fondèrent au siècle dernier Eugène Boulgaris et Nicéphore Théodoxis donna à ce couvent une grande importance : les églises y sont nombreuses; le catholicon, placé contre l'ordinaire à un des angles de la cour principale, est orné de fresques de Panselinos malheureusement retouchées : il y a quelques belles mosaïques[1], et entre autres un *tétramorphe* très-bien

---

[1] Il est intéressant, dit M. Didron dans son *Iconographie*, de constater que la mozaïque est byzantine et chrétienne. D'après la chronique arabe du patriarche Eutichius, les musulmans trouvèrent l'église de Bethléem, église élevée par sainte Hélène, ornée de *fsefya*. Edrisi, dans sa description de la mosquée de Cordoue, affirme que l'enduit qui recouvre encore les murs de la Kibla fut envoyé de Constantinople vers le milieu du dixième siècle à Abdérame III par l'empereur romain, Les Grecs appellent encore aujourd'hui la mosaïque ψήφοις (psephises).

conservé. (Le tétramorphe est la réunion en un seul corps des quatre attributs des évangélistes : l'ange de saint Matthieu, l'aigle de saint Jean, le livre de saint Marc, et le bœuf de saint Luc, groupés sur un corps humain ailé.) J'ai parlé de cette méthode symbolique pratiquée souvent par les Byzantins : la source divisée en trois ruisseaux par exemple, ou le soleil, sa lumière et son rayon, figurant la Trinité. Cet usage répandu dans toutes les religions d'Orient vient des prophètes de la Judée, qui voyaient, dans l'arche d'alliance, la verge d'Aaron et l'urne de la manne, les symboles de la sainte Vierge ; dans le serpent d'airain, Jésus-Christ en croix, et dans la mer et la nuée, le baptême.

Les Grecs qui viennent en pèlerinage à la Sainte-Montagne (pèlerinage que tout bon orthodoxe doit faire une fois en sa vie) débarquent à Vatopédi, que son commerce de bois met plus souvent en rapport avec les villes de l'Asie que les autres couvents. Un pappas de Smyrne, qui était allé à Kariès faire viser ses papiers, nous demanda de se joindre à nous pour visiter les couvents. Il voyageait avec ses deux fils : le plus jeune avait ces grands traits empreints de noblesse et de mélancolie que les habitants de l'Asie ont conservés plus purs que les Grecs de l'Attique, et portait la tête fièrement emmanchée sur le col avec un air de conviction qu'elle lui appartenait, tandis que nous, Occidentaux civilisés, serrons la nôtre tellement dans des cravates et l'enfonçons si profondément dans nos habits, qu'il semble que nous ayons peur de la perdre.

Un jour que nous allions visiter un skite à peu de distance du couvent, et que ces pèlerins marchaient devant nous, je remarquai combien ils se fondent harmonieusement dans le paysage. Les chauds rayons du soleil ont déteint sur leur fontanelle jaunie et adouci les couleurs trop vives de leurs vêtements. Dans les pays du nord, quand la foule s'éparpille au grand air un dimanche d'été, elle a revêtu sa chemise reblanchie, ses souliers revernis et son chapeau aux reflets luisants ; alors, sur la verdure mate, le soleil s'accroche à tous ces êtres comme à des paillettes d'or, et on croit entendre comme le bizarre concert de fausses notes dans la pastorale de Beethoven. Ils font fuir les oiseaux et mettre les bœufs en fureur, et cependant ils ont raison et contre les bœufs et contre les oiseaux ; car c'est un besoin sous notre ciel gris d'attirer sur nos bottes et notre chapeau un rayon de la lumière avare. Sous ce ciel d'Orient, au contraire, le soleil est ardent, la végétation vigoureuse, et il semble qu'on respire la santé dans l'air : les ermites de l'Athos ont vraiment un grand mérite à ne pas devenir épicuriens. Du reste, le skite que nous visitions ce jour-là ne ressemblait en rien à une trappe ; ses habitants tissaient des chemises en chantant, au bord d'un torrent empourpré de lauriers-roses, et leur face réjouie, leurs larges épaules, leurs mains noueuses disaient assez : « Frère, il faut vivre et longtemps louer Dieu qui nous a faits si robustes sur un sol si prodigue. »

A quelques jours de là, nous quittions Vatopédi avec le pappas, ses deux fils et l'higoumène d'Esphigmenou, qui rejoignait son couvent.

Ce dernier monastère est presque entièrement neuf, réédifié il y a peu d'années. On l'appelle Esphigmenou, parce qu'il est placé dans une vallée étroite (σφίγγω, étrangler). Il a été dédié à Siméon par Théodose le Jeune et sa sœur Pulchérie ; Théodose est le saint Louis des Byzantins. Son palais était tenu comme un monastère, dit Théodoret ; il se levait de grand matin pour chanter avec ses sœurs à deux chœurs les louanges de Dieu : il jeûnait souvent, souffrait patiemment le chaud et le froid, et ne tenait rien de la mollesse d'un prince né dans la pourpre. Si quelque criminel était condamné à mort, il lui donnait sa grâce, car, disait-il, il est bien aisé de faire mourir un homme, mais il n'y a que Dieu qui puisse le ressusciter. » Les moines honorent beaucoup Théodose, parce qu'il les craignait. « Un jour, racontent-ils, un moine à qui il avait refusé une grâce l'excommunia ; l'empereur, qui allait prendre son repas, dit qu'il ne mangerait point qu'il fût absous. Un évêque lui dit qu'il le déclarait absous ; mais Théodose ne voulut rien prendre avant qu'on eût recherché le moine et qu'il ne l'eût rétabli dans la communion. »

X

C'est à Esphigmenou que s'est retiré le patriarche Anthymos [1], qui a précédé le patriarche actuel sur le trône de Constantinople. Il n'est pas sans utilité de donner ici quelques détails sur ce qu'est un patriarche de Constantinople depuis 1453. Lorsque Mahomet II cherchait à s'emparer de Constantinople, l'empereur Constantin s'adressa à Rome pour en avoir des secours. Une partie du haut clergé grec, qui craignait de voir diminuer son importance par l'union proposée avec l'Église romaine, se rangea sous la bannière d'un mécontent, le moine Georges Scholarius Genadius. Genadius s'entendit-il secrètement avec Mahomet II? Quelques historiens l'affirment, mais rien ne le prouve posi-

[1] Les patriarches déposés se retirent dans les couvents, comme autrefois les empereurs détrônés. Jean Cantacuzène se retira ainsi au couvent de Vatopédi et y vécut de longues années sous le nom de P. Joasaph.

tivement, et il vaut mieux croire que le moine, après l'entrée des Turcs dans la ville, réclama simplement du vainqueur le poste de patriarche pour sauvegarder les intérêts des vaincus. Quoi qu'il en soit, Mahomet II revêtit Genadius, non-seulement de l'autorité spirituelle sur ses coreligionnaires, mais encore de l'autorité civile et judiciaire, et le proclama chef de la nation grecque, en sorte que le patriarche œcuménique de Constantinople est depuis cette époque juge souverain des affaires civiles et religieuses : c'est lui qui juge les procès, fait et défait les mariages, lève les impôts, vend les indulgences (diavatirion), et prélève des droits sur les objets en litige. Il est vrai qu'il a de lourdes charges envers la Porte et que son élection lui coûte cher ; mais si le pallium se vend à l'encan, c'est le raïa qui paye les enchères. On peut se faire une idée de la fréquence des élections, si l'on songe qu'il suffit pour destituer un patriarche d'une simple demande du synode des archevêques, qui tous désirent la place. Il n'y a pas aujourd'hui dans les couvents grecs moins de six patriarches destitués. Ces personnages, revêtus de pouvoirs aussi étendus sur la nation grecque, pouvaient faire beaucoup pour elle : ils n'ont rien fait que la tenir étroitement liée par le malheur et l'oppression. Que la puissance patriarcale soit entre les mains de Pierre ou de Paul, cela s'appelle toujours abus et despotisme [1]. Anthymos passe pour être dévoué à la Russie ; cela est possible, et on trouve de nombreux exemples de ce dévouement dans l'aristocratie des couvents de l'Athos.

Les czars veulents-ils prendre Constantinople et rêvent-ils l'unité de ces deux éléments antipathiques, les Slaves et les Grecs? Les Anglais disent *oui;* les Russes disent *non.* En admettant pour un instant la première de ces hypothèses, le clergé grec s'entendra-t-il avec le conquérant russe comme avec Mahomet II ? Cela n'est pas probable, car ce qu'il veut, comme toutes les puissances théocratiques, c'est l'État dans l'État, et Pétersbourg ne semble pas favorable à ce principe. En outre, il est permis de douter que le bon sens du peuple grec, qui voit plus clair dans les affaires de son clergé depuis quelques années, permette à ces quelques

---

[1] Plusieurs patriarches, le P. Constantius entre autres, retiré aujourd'hui à Chalkis, sont respectables à tous les titres et pour leur science et pour leur intégrité; mais la surveillance du synode et les exigences de la Porte, auprès de laquelle ils ont compromis leur indépendance par les abus simoniaques des élections, les rendent impuissants à faire le bien.

En 1821, le patriarche Grégoire était contraint d'excommunier la cause pour laquelle il versait son sang quelques mois plus tard,

dignitaires utopistes de perpétuer un système dont notre siècle a fait justice, et de *boyardiser* toute une nation [1].

.   .   .   .

Le 23 juin, nous pliâmes bagages et envoyâmes chercher le pappas, qui passait avec ses deux fils tout son temps à l'église. Notre pèlerin était de très-bonne composition, toujours disposé à partir ou à rester. Il eût aussi bien été à l'occident qu'à l'orient, peu lui importait, pourvu qu'il allât coucher dans un monastère.

La vallée étroite qui remonte à Kiliandari cesse d'être une gorge au bout de quelque cent mètres, s'élargit à mesure qu'on avance et arrive à une petite plaine basse, jaunie de mousse et hérissée de rochers. Cette plaine est l'isthme que fit entailler Xerxès. Je ne tenterai pas de prouver le plus ou le moins de probabilité du percement. Juvénal y croyait peu :

> « Creditur olim
> « Velificatus Athos, et quidquid Græcia mendax
> « Audet in historia. »
> (Juv., Sat. X, v. 173.)

Belon n'y croit pas.

[1] Par peuple grec, j'entends désigner non-seulement le royaume de Grèce, mais encore la population intelligente de la Turquie d'Europe et du littoral de l'Asie.

Choiseul-Gouffier se livre à ce sujet à un calcul assez compliqué, d'où il résulte qu'il aurait fallu à Xerxès soixante-deux mille journées d'ouvriers pour arriver à terminer ce canal.

Voici le passage d'Hérodote à cet égard, liv. VII, chap. xxi et suiv. (traduct. Larcher) : — « On avait fait des préparatifs environ trois ans d'avance pour percer le mont Athos, parce que dans la première expédition la flotte des Perses avait essuyé une perte considérable en doublant cette montagne. Il y avait des trirèmes à la rade d'Éléonte dans la Chersonèse. De là partaient des détachements de tous les corps de l'armée, que l'on contraignait à coups de fouet de percer le mont Athos, et qui se succédaient les uns aux autres. Les habitants de cette montagne aidaient aussi à la percer. Bubarès, fils de Mégabyze, et Artachès, fils d'Artée, tous deux Perses de nation, présidaient à cet ouvrage...

« ... On aligna au cordeau le terrain près de la ville de Sané, et les barbares le partagèrent par nations. Lorsque le canal se trouva à une certaine profondeur, ceux qui étaient au fond continuaient à creuser, les autres remettaient la terre à ceux qui étaient sur les échelles ; ceux-ci se la passaient de main en main jusqu'à ce qu'on fût venu tout au haut du canal ; alors ces derniers la transportaient et la jetaient ailleurs. Les bords du canal s'éboulèrent, excepté dans la partie confiée aux Phéniciens, et donnèrent aux travailleurs une double peine....

« .... Xerxès, comme je le pense sur de forts indices, fit percer le mont Athos par orgueil, pour faire montre de sa puissance, et pour en laisser un monument. On aurait pu, sans autant de peine, transporter les vaisseaux d'une mer à l'autre pardessus l'isthme ; mais il aima mieux faire creuser un canal de communication avec la mer, qui fût assez large pour que deux trirèmes pussent y voguer de front. »

Le percement de cet isthme, large de 1200 mètres au plus, serait aujourd'hui très-facile, le sol n'étant élevé que de quelques pieds au-dessus du niveau de la mer. On ne s'explique guère pourquoi Xerxès entreprit ce travail qui ne lui épargnait qu'un trajet de 12 ou 13 lieues, et le forçait quand même à aller passer à la pointe de l'Athos pour doubler les caps Felice et Palliouri, qui forment avec celui-ci comme les trois dents d'une fourchette. Si l'on admet le percement, il faut admettre la raison d'*orgueil* qu'en donne Hérodote ; la raison d'utilité était nulle.

Kiliandari est à peu de distance en dedans de cet isthme à l'extrémité de la montagne. Le porche qui sert d'entrée est sombre, mais l'intérieur de la cour, avec son double rang d'arcades superposées, a un air de propreté et d'animation qui réjouit. La marqueterie en briques du catholicon contribue à égayer cet ensemble. Au-dessus des murailles, la montagne développe sa ligne verte et les arbres se penchent jusque sur les toits. Ce tableau, heureux de lignes, est sans doute fort beau, mais à la longue ces montagnes deviennent étouffantes, et on voudrait pour beaucoup un de ces plats horizons de nos plaines au bout d'une route droite comme un I, qui laisse voir au loin le clocher du village coiffé de son bonnet d'ardoise.

Les moines de Kiliandari, serbes et bulgares, ont un vêtement plus sombre que celui des caloyers mais grecs, qui toujours, à une faible nuance près, a l'apparence de feutre usé : leurs mains, leurs visages, prennent sous l'ardeur du soleil cette même teinte, et je me surprenais parfois contemplant avec admiration le pantalon de nankin de Schranz, dont le jaune d'or rompait un peu la monotonie du ton général.

Les Bulgares, peuple tranquille et laborieux, forment une branche de la famille slave, répandue dans le nord de la Turquie d'Europe ; les Serbes habitent la principauté de Servie, la Bosnie, l'Herzégovine et le Monténégro. Bien qu'ils aient une langue particulière, ils célèbrent les offices en langue grecque. Longtemps ils ont possédé une liturgie en esclavon : cette concession leur avait été faite par Photius pour les empêcher d'écouter les propositions d'union que leur faisaient les légats du pape en 865. Étienne Dunschan, roi de Servie, déclara en 1351 les Serbes indépendants de l'Église grecque, et nomma patriarche le métropolitain de Servie, mais, en 1737, le patriarche de Constantinople obtint de la Porte la suppression de son rival et depuis nomma les évêques. La langue grecque fut alors imposée dans les églises[1].

La bibliothèque de Kiliandari est riche en manuscrits slaves (M. de Sevastianoff y a fait de précieuses découvertes), et ses jardins dédiés à saint Tryphon, patron des jardiniers, sont les mieux cultivés de la montagne. Saint Sabbas est le fondateur de ce monastère. On montre dans le catholicon ses reliques[2]. Devant le bema, entre deux cierges tou-

---

[1] Les Bulgares sont en effet peu satisfaits des évêques grecs. A ce propos un catholique a dit : « Si les Grecs refusent l'union, nous ferons à Constantinople un empire latin, en séparant les Bulgares du patriarche œcuménique. Quelques Bulgares, oui ; tous les Bulgares, non. Ils sont Slaves, et l'action russe est puissante sur eux. Les convertirait-on, qu'on ne pourra établir un empire latin à Constantinople pas plus qu'on n'y établira un empire russe. Le Bulgare est le bœuf de la Turquie : c'est le Grec qui mène la charrue. »

[2] Je n'ai pas parlé, dans le cours de ce récit, des reliques nombreuses que conservent les couvents de l'Athos (morceaux

jours allumés, est une Vierge peinte sur bois qu'on appelle la παναγία τριχεροῦσα. Cette image est chargée d'annulaires et d'ex-voto. C'est par sa vertu, disent les moines, que Jean Damascène, qui avait eu la main droite coupée par les iconoclastes, vit renaître son bras mutilé.

Les moines de Kiliandari sortent peu, travaillent toute la journée à des travaux manuels ou restent dans leur cellules à prier, et font vœu de pauvreté dans la plus stricte acception du mot. Notre Albanais, Janni, tenait les couvents slaves en grand mépris, parce que le vin n'y est pas bon.

. . . .

De Kiliandari à Zographos, le second couvent bulgare, le pays est boisé de sapins. De ces arbres résineux s'échappait une odeur aromatique qui faisait dire au pappas que de ce saint lieu s'exhalait une odeur d'encens. D'un couvent à l'autre la distance est de quatre milles au plus, mais le sentier se recourbe et revient si souvent sur lui-même, qu'on fait plus du double pour atteindre le pic aigu où se dresse Zographos à une hauteur prodigieuse.

. . . .

de la vraie croix, fragments des vêtements de Jésus-Christ, etc.); nomenclature qui eût été trop longue.

Ce nom de Zographos a pour origine une légende poétique. Vers l'an 895, Léon le Sage fit élever un couvent au mont Athos et en confia la décoration au plus habile peintre de la montagne. Le *maestro* couvrit en peu de temps les murs de fresques, mais, arrivé à l'endroit où il devait représenter saint Georges, son talent lui fit défaut, et jour et nuit il travaillait et grattait sans cesse ce qu'il venait de faire, ne pouvant arriver à un résultat qui le satisfît. Un matin, qu'il revenait découragé à son travail, il vit dans le fond de l'église au milieu d'un cadre étincelant d'or et de pierreries une image si parfaite du saint, qu'il tomba la face contre terre et se mit en prière. Un moine, qui entrait à ce moment, reconnut le saint Georges pour l'avoir vu au Sinaï où il était en grande vénération. Chacun s'émerveilla de ce miracle et le couvent prit le nom de Zographos (couvent du peintre). Quelque temps après, le miracle ayant été répandu dans tout l'empire, un moine du Sinaï vint à Athos et, s'approchant du saint, lui reprocha son infidélité en le menaçant du poing. Saint Georges saisit la main du moine insolent et lui coupa le doigt avec les dents, ce qui prouve qu'il ne faut pas mettre en doute les miracles.

. . . .

Nous restâmes deux jours à Zographos non pas

tant pour les bibliothèques et les églises riches en manuscrits et en peintures, que pour la splendeur du paysage. Placé, comme je l'ai dit, sur un pic aigu, ce couvent semble avoir voulu atteindre le ciel et s'être arrêté en chemin. Les hautes forêts qui l'entourent, baignées de torrents, gardent leur fraîcheur sous le soleil brûlant; nul bruit ne trouble cette solitude que le clapotement métronomique d'un moulin qui moud en philosophe la maigre pitance des moines. La vue change à chaque instant du jour. A midi, l'œil suit les molles ondulations de la montagne, compte les cônes et plonge jusque dans l'intensité des ombres; le soir, sous la lumière décroissante, les bois se colorent diversement, mais c'est surtout le matin que le spectacle est admirable quand la vallée sort du brouillard comme une jeune fille qui lève son dernier voile. Cette comparaison était-elle venue à l'esprit du fils aîné des pappas? Je ne sais; toujours est-il qu'il se confessait souvent; mais je crois que c'était plutôt le péché d'envie qu'il avait commis. On ne saurait en effet envier gîte mieux placé, et volontiers on renverrait cette triste population de religieux pour s'y établir. Il est vrai qu'à y bien réfléchir on serait assez mal en ce nid d'aigle, depuis qu'ayant perdu l'habitude de marcher pieds nus et de se vêtir de peaux de bêtes, l'homme a lié son existence à celle d'un tailleur et d'un bottier.

Le 27 juin, bien convaincus de cette triste dépendance, nous redescendions vers la mer.

.   .   .   .

Castamoniti, où nous fîmes halte pendant la chaleur, est à peine un couvent, un peu plus qu'un skite, quelque chose comme un petit hameau vermoulu, perdu au milieu d'une forêt épaisse. Les caloyers nous virent arriver chez eux d'un air surpris : les pèlerins viennent rarement jusque-là, et ils ont grand tort ; car rien n'est en même temps plus sauvage et plus riant que ce petit coin. La nature y a complaisamment disposé les racines en siéges commodes tapissés de mousse ; la vigne sauvage s'allonge en guirlandes et unit les arbres l'un à l'autre, l'oranger au cyprès, le chêne à l'olivier, le mélèze au platane; au-dessus, dans le feuillage, on entend une merveilleuse musique, la musique amoureuse des oiseaux : les sources jaillissent entre les rochers, et se mariant aux ruisseaux, créent de petits torrents joyeux qui bondissent dans la vallée ; d'un bord à l'autre les fleurs étendent les unes vers les autres de larges feuilles languissantes... Tout enfin respire la vie et l'immortalité, et semble dire à ces moines que leur règle est un non-sens ; tout, jusqu'à ces insectes qui par une cruelle raillerie campent avec leur famille sur un poil de leur barbe.

« Est-ce que jamais une femme n'a mis le pied sur la montagne? me demandait à Constantinople lady Franklin?

— Une seule fois, milady, et c'était une de vos compatriotes; elle débarqua sur le rivage d'Iveron; alors les simandres s'agitèrent, les moines prièrent, les portes grincèrent sur leur gonds, et de la plus haute tour le plus sage cria : *Vade retro, Satanas*, et elle disparut. Mais depuis ce jour les higoumènes surprennent de jeunes diacres beaux comme Adonis et pâles comme des statues de marbre interrogeant du regard l'horizon... »

XI

Le soir nous arrivions au-dessus du couvent de Dokiarios sur la côte occidentale. Il y avait plus d'un mois que nous n'avions vu coucher le soleil : le jour baissait lentement et à travers la douce transparence du crépuscule, les teintes se fondaient dans une nuance uniforme qui ne laissait plus voir que le dessin largement accusé des masses d'arbres et des agglomérations de rochers. Dans le ciel refroidi les vapeurs du couchant s'amoncelaient et une troupe de nuages noirs et lourds, se pressant en vain les uns contre les autres pour cacher le soleil, prenaient les formes les plus grotesques et me rappelaient une des congrégations obscures qui cherchent en vain à étouffer la vérité.

Quand le soleil fut éteint, le monastère brilla de mille petites lueurs pâles, mais le chemin par lequel on y descend devint fort sombre. Un mulet

tomba ! il n'y eut qu'un cri, nous crûmes nos cli-
chés photographiques brisés... Ce n'était que le
pappas qui avait failli se rompre le cou. Fort heureusement il était tombé sur la tête ; mais son
turban, qui l'avait protégé, s'était enfoncé jusqu'au-
dessous du nez, en sorte qu'il avait la plus singulière tournure du monde. Il criait qu'il était certainement mort, et chacun de nous riait de si bon
cœur que personne n'avait la force de lui arracher
son éteignoir. Quand les moines arrivèrent nous
avions l'air de jouer à colin-maillard : ils durent
nous prendre pour une bande de fous.

Cassien dit, en parlant des moines d'Égypte, que
Serène, les traitant un dimanche, leur donna une
sauce avec un peu d'huile et de sel frit, trois olives,
cinq pois chiches, deux prunes et chacun une figue.
Ce menu, que Cassien traite de douceurs peu ordi-
naires aux moines, eût été en effet menu de festin
à côté du souper qu'on nous servit à Dokiarios. Nos
provisions étaient épuisées ; depuis douze jours nous
faisons le pilaf sur un vieil os de jambon qui avait
perdu tout parfum originel ; jusque-là cependant
l'ordinaire des couvents avait été copieux sinon
succulent ; ce soir-là il était insuffisant. « Ces
hommes sont des saints, dit le pappas après le sou-

per, on les a accusés de gloutonnerie, Dieu voit leur abstinence. » A ce mot de gloutonnerie, nous fîmes tous un geste de surprise. Qui donc a pu porter une telle accusation ?... Le moine Barlaam.

J'ai su depuis ce qu'était ce moine qui nous valait si maigre chère.

En 1339 vint à Salonique un moine appelé Barlaam, Catalan d'origine et qui tint plusieurs conférences où il tenta de réunir les deux Églises. En ce même temps, il y avait au couvent de Dokiarios un caloyer appelé Grégoire Palamas, qui était un homme saint entre tous, au dire des moines, et qui affirmait avoir vu de ses yeux l'essence divine.

Palamas fit de nombreux sectateurs, qui comme lui prétendirent être arrivés à l'état de sublime quiétude. Barlaam les nomma Omphalopsyques (qui ont l'âme nombril), et les accusa de renouveler l'hérésie des Massaliens, condamnés à Antioche vers la fin du quatrième siècle, et joignit à ses critiques le reproche d'intempérance. La querelle s'étant envenimée de part et d'autre, Barlaam demanda à l'empereur Andronic la réunion d'un concile afin de convaincre les Athonites de leurs erreurs. Ce concile se tint à Sainte-Sophie le onzième jour de juin 1341. L'empereur le présidait en personne. Barlaam fut condamné. Palamas triomphant fit élever au siége patriarcal un de ses disciples ap-

pellé Calliste, homme grossier et sans instruction
qui, pour avoir vu l'essence divine, n'en fit pas
moins un détestable conseiller.

Il y a un fait certain, c'est que, comme nous
l'avons éprouvé, le reproche d'intempérance serait
aujourd'hui très-mal fondé à l'égard des caloyers
de Dokiarios.

Aussi le lendemain, dès l'aube, nous prenions une
barque qui nous menait à Saint-Xénophon. Nous y
fûmes reçus par un vieux caloyer, originaire de
Corfou, qui avait fait la campagne d'Égypte et celles
de Grèce de 1821 à 1829. Son corps était troué de
balles, mais il ne s'en portait que mieux, car la
seule chose, avouait-il naïvement, qui le retint à
la terre était le désir de prendre sa revanche. Il
nous montra dans le catholicon construit nouvellement quelques curiosités arrachées à l'ancienne
église : deux beaux fragments de mosaïque représentant saint Georges, *l'honneur de la Cilicie (Cili-
ciæ decus)*, et saint Démétrius, les restes d'un re-
table en bois sculpté et un ostensoir émaillé.

Pendant notre inspection, on avait servi le dîner
sur une des galeries hautes qui dominent la mer.
Le père cuisinier avait reçu sans doute des instructions spéciales de notre vieux cicerone, car la table
était servie avec un luxe inaccoutumé. Sur une

nappe rehaussée de pailletons d'or et frangée de soie, telle qu'en brodent les Maïnotes, un plat de dorades parfumées au genièvre s'étalait au milieu d'un rempart de figues, de pastèques et de raisins, vrais produits de Chanaan. Le repas fut gai : le caloyer commença le récit de ses campagnes et le pappas égrena son chapelet d'épithètes à la louange de la Sainte-Montagne. Le vin de Santorin est bon quand il est dépouillé, le vin de Ténédos ne lui cède en rien, mais celui de Corinthe leur est certainement bien supérieur : ce fut l'avis général. Le caloyer en était à sa cinquième campagne, et le pappas, à bout d'épithètes terrestres, en empruntait au ciel et parlait du paradis, à faire croire qu'il en revenait. On allait attaquer une outre de vin de Chypre, quand nous entendîmes sous la galerie un bruit mesuré de rames. C'étaient des pêcheurs d'éponges qui exploraient la côte. Ce spectacle coupa court à la joie générale; car on ne peut se figurer quel horrible métier est celui de ces hommes.

Nous en vîmes rester sous l'eau plus d'une minute, reparaître et replonger encore, répétant cet abominable exercice pendant plusieurs heures. Ces plongeurs ont l'apparence de noyés; les yeux injectés de sang, les paupières gonflées, les joues bleuies et les lèvres pâles comme celles des morts.

Sur le pont, deux hommes, enveloppés de larges mantes, examinaient attentivement ce que rapportaient leurs limiers amphibies....

Le soir, le bon père, qui ne voulait nous laisser ignorer rien des distractions de son bienheureux séjour, nous mena à la pêche aux flambeaux. Cette pêche est la même que celle qui se fait dans la baie de Naples et sur certaines côtes de France. On allume un feu de bois résineux à la tête d'une embarcation légère et on perce d'un trident les poissons que l'on surprend endormis. Pendant l'été, les caloyers font cette pêche et salent pour l'hiver les poissons en très-grande abondance sur cette côte.

Le lendemain, nous allâmes visiter les ruines du monastère d'Archangelos : en allant là, nous rencontrâmes un grand nombre de moines qui récoltaient les baies de laurier, dont ils fabriquent une huile très-estimée par les Turcs, et les noisettes qu'ils exportent à Constantinople.

A notre retour au couvent, nous nous séparâmes de notre compagnon le pappas. Lui continuait sa route par le couvent russe; nous, nous retournions à Kariès.

.   .   .   .

Après de nouvelles visites dans les couvents qui entourent la capitale, dans les skites, les ermitages et les cellules, nous fîmes, dans les ateliers de gravures[1], une collection complète d'images, qui devait nous servir à l'iconologie de la Grèce; nous achetâmes des chapelets, rosaires, cuillers en bois, kalimafki, chemises de laine (les moines ne portent que celles-là), bouteilles clissées à la résine, que fabriquent les ermites et qu'on vend chaque samedi au marché de Kariès ; puis nous reprimes notre pèlerinage, nous dirigeant vers le couvent du *Fleuve-Sec* (Xiropotamos), placé au-dessus du petit port de *Daphné*.

[1] Ces gravures anciennes sont sur cuivre. La lithographie a été introduite depuis peu de temps par les Russes.

XII

C'était le **1er** juillet : les images du passé, ce commencement de spleen, commençaient à nous assaillir. Les couvents de la côte occidentale étaient peu intéressants : *Agios Pablos*, *Agios Dyonisios*, *Agios Gregorios*, n'avaient, nous disait-on, que des églises neuves, des peintures refaites et des biblio-thèques vides. *Simo-Petra* (la Pierre de Simon) ne nous avait rien montré que sa position hardie sur un rocher aigu. Nous prîmes le parti de rester à Xiropotamos, qui nous offrait de nombreux sujets d'études. Mais, malgré la conversation savante du P. Calliste, un des épitropes les plus instruits de la montagne, malgré les plaisanteries du P. Bimata--ris, infortuné sans barbe, qui n'avait pas été élevé dans le Seraï, mais en avait connu les exigences, malgré nos occupations de tous les jours, malgré le plaisir de la chasse, malgré les douceurs de la pleine-eau et les charmes de la pêche, les faces mornes de ces moines nous semblaient ennuyées et ennuyeuses, et chaque nuit nous surprenait causant des différents modes de suicide.

Un matin que nous étions allés attendre des chacals au gué, nous vîmes paraître à l'horizon, à la pointe du cap Felice, la voile rayée d'une tartane ; elle eut longtemps l'air d'hésiter..., enfin elle mit le cap sur Daphné...

Le 9, nous faisions voile pour Salonique.

Notre tartane était montée par trois hommes et un enfant.

Le patron, ancien corsaire, faisait par pénitence un commerce peu lucratif avec les moines, espérant, par l'intercession de ces saints personnages, se faire bien venir de la *Panagia*, leur protectrice. En revanche, les bons pères le tenaient en grande estime et l'honoraient d'une confiance toute particulière.

« Sous la conduite de Tsavellas, nous avait dit le P. Calliste, vous pourrez dormir tranquilles. »

Cette promesse était au figuré, car les cancrelas, espèce hideuse, promenant sur nos mains et notre visage leurs extrémités froides et velues, firent de notre première nuit un long cauchemar.

Aux premières lueurs de l'aube, nous étions sur le pont, nous croyant déjà dans le golfe Thermaïque, mais la fortune nous réservait de dures épreuves : nous étions encore en vue de l'Athos, les voiles pendaient immobiles le long des mâts, la mer était sans rides, et l'équipage dormait profondément.

« Holà? Pallikari! » cria Voulgaris.

Personne ne bougea, à l'exception d'un des marins, qui, se retournant d'un autre côté, murmura en se rendormant cette complainte :

> Deux à deux les petits oiseaux
> Sur les branches de myrte
> Chantent doucement.
> Le ciel resplendit joyeux;
> Mais dans mon cœur pleure
> La douleur amère.

« Voilà, me dit Schranz, un écumeur de mer bien sentimental.

— Eh! Costaki! qui t'a appris cette chanson?

— Qui m'a appris cette chanson? répéta le matelot en se soulevant sur le coude, c'est Marino.

— Qui? Marino?

— Marino le chanteur. Si vous avez été au couvent russe, effendi, vous avez vu Marinetto. Ce doit être le plus beau de la montagne; c'était le plus beau de Zante. Personne ne dansait mieux la *Romaïka*, et ne tournait plus galamment un compliment à une jolie fille.

— Et pourquoi s'est-il fait moine, ce don Juan?

— Oh ! cela est une triste histoire, mon maître. Marino aimait Costaïna, la perle de la rue des Roses, et Costaïna aimait Marino ; mais un jour, Marinetto partit pour un lointain voyage, vers l'Arabie.

« Trois fois les champs refleurirent, trois fois le rossignol chanta, Marino ne revenait pas.

« La première fois, Costaïna commença à pâlir, la seconde fois elle se mit à pleurer, la troisième fois elle se coucha.

« Un matin, ceux qui étaient sur la plage virent venir un caïque chargé d'ambre.

« — Lève-toi, lui dit sa mère, voici ton fiancé.

« — Ma mère, je ne peux plus me lever, je vais
« mourir ; mais quand il viendra, ne l'afflige pas ;
« sers-lui à souper et donne-lui cette alliance, afin
« qu'il puisse se marier ailleurs, et se faire de nou-
« veaux parents et de nouveaux amis. »

« Lorsque Marino vint à la maison, il sentit une odeur d'encens, et il vit les voisins qui se voilaient le visage.

« — Quelqu'un est-il mort ? » s'écria-t-il.

« Aucun d'eux ne répondit.

« Il entra dans la maison, il vit la mère qui s'arrachait les cheveux, et les femmes qui préparaient le linceul.

« Voilà pourquoi, effendi, Marino s'est fait moine

— L'as-tu vu depuis?

— Non; et je ne veux pas le voir. C'est un mauvais cœur, un égoïste, qui dans ce couvent a oublié sa mère. La pauvre vieille file la laine pour vivre; mais les larmes troublent sa vue, et sans le patron qui, voyez-vous, est un bon homme au fond, elle serait morte de faim.

— Allons, fainéant, cria Tsavellas, debout et laisse là tes histoires. Voici la brise, et ce soir, avec l'aide de la *Panagia*, nous serons à Zagora.

— A Salonique, vous voulez dire.

— A Zagora, j'ai bien dit. On ne va pas toujours où l'on veut, effendi. »

CONTES ORIENTAUX

L'IMMORTALITÉ

CONTE EN PROSE

I

Il y avait une fois un roi de Perse, qui était l'homme le plus vertueux de son royaume. Les Persans l'avaient surnommé Dimick-Djeroun, ce qui veut dire le parfum des roses.

Il était bon, sobre et juste, parlait peu et pensait beaucoup ; de plus il était pieux ; mais bien qu'il lût le Coran une fois au moins par semaine, il faisait presque autant de cas d'un Juif que d'un musulman, estimant qu'après tout un homme en vaut un autre, à la conscience près.

L'histoire a peu parlé de son règne, parce qu'il vécut en paix avec ses voisins et ne créa aucun nouvel impôt, mais Babul-Burid, le marchand d'ambre, qui a longtemps habité Ispahan, m'a affirmé qu'aujourd'hui encore on ne prononce son nom qu'avec une grande vénération dans toute la Perse, que les Persans étaient sous son règne le peuple le plus fortuné de la terre, et que leur roi eût été le plus heureux des rois, s'il n'eût été le plus malheureux des hommes.

Dimick-Djeroun pleurait en effet souvent, et s'il versait des larmes abondantes, c'est qu'il en avait sujet, ayant pour habitude de ne rien faire jamais sans raison.

Deux grands malheurs avaient affligé sa vie; le sage a dit qu'un seul était de trop.

Le premier de ces malheurs provenait de sa femme. Dimick-Djeroun, qui était très-laid, avait épousé une femme qui était fort belle; cette femme, appelée Kytmir (le duvet de la pêche), s'éprit d'amour pour un de ses gardes et abandonna le palais. Le roi en conçut un grand chagrin; il lut tout ce qui a été écrit sur l'inconstance des femmes et acheta au marché de Schiraz une esclave aussi belle que Kytmir; mais rien ne put lui faire oublier le Duvet de la pêche, car, ainsi que l'affirme le poëte Saadi, ce n'est pas le fourreau qui fait la lame, et les plus belles paroles ne sont pas un baume infaillible contre les blessures.

Il commençait à se consoler de cette perte par la vue de l'enfant mâle que lui avait laissé Kytmir, quand cet enfant devint la cause de son second malheur, plus grand que le premier.

Hafiz (c'était le nom de son fils) était d'un caractère très-frivole; il passait les jours et une partie des nuits à mâcher la feuille enivrante du bétel et à courir les cafés avec la jeunesse oisive de la ville; un de ses plus grands plaisirs était d'attacher des *mangals* [1] à la queue des chiens et de tendre des cordons de soie dans le bazar, pour faire tomber les marchands juifs, deux choses qui sont l'indice d'un naturel mauvais et d'un esprit peu sérieux.

Dimik-Djeroun pensa corriger le caractère de son fils en le faisant assister aux réunions de son conseil privé : mais Hafiz se montra tout aussi turbulent là que dans la rue; il s'amusait, pendant les séances, à faire partir des pétards sous le nez des conseillers qui s'endormaient, et à lâcher des scarabées dans la salle.

Le roi, désespérant alors de lui faire prendre goût aux affaires de l'État, assembla les Ekmedji-bendis pour les consulter sur le choix d'un plus digne successeur au trône.

---

[1] Mangals, vases en cuivre qui remplacent en Orient les *brazeros* du midi de l'Espagne.

Niebuhr-Kan (le fleuve d'or), qui présidait l'assemblée, s'exprima ainsi, après la communication
du roi : « Grand roi, on peut se rendre maître de
la source d'un fleuve avec une aiguille; mais, quand
on le laisse couler à pleins bords, il emporte tout
sur son passage, chameaux et bagages. L'arbre qui
vient de prendre pied peut être déraciné par la
force d'un seul homme; mais, si on le laisse pousser, on ne peut l'arracher avec la charrue. Roi
magnanime, quand le doigt d'Allah a marqué une
chose, il ne faut pas penser à la voir changer de
nature, et, de même que ce serait folie de vouloir
prendre les lièvres dans la mer, de même .   .   .

.   .   .   .

Niebuhr-Kan, qui était un homme sage par excellence, et le plus grand orateur du royaume,
parla ainsi pendant deux jours et deux nuits, sans
s'arrêter.

Au bout de ce temps le roi tomba gravement
malade.

II

On fit venir du plus loin les plus célèbres médecins; chacun d'eux indiqua un remède différent ;
mais, après chaque nouveau remède, l'état du roi
devenait plus inquiétant.

Tout le monde commençait à perdre espoir,
quand un matin se présenta à la porte du palais un
petit vieillard bossu, si mal vêtu qu'on ne voulut
pas le laisser entrer.

Comme il insistait, on en parla au roi, et le roi
ordonna de le faire venir devant lui.

Le petit bossu traversa une longue galerie remplie de courtisans, et, tout en sautillant, il écouta
ce qui se disait. Les groupes étaient très-animés;
on causait du vieux roi mourant : « C'est un bon
homme, disaient les uns, mais une tête faible ;
son fils sera plus entreprenant. — On peut aujourd'hui dire toute la vérité, ajoutaient les autres,
il battait la breloque, et tous s'inclinaient jusqu'à

terre quand le fils du roi passait devant eux. »

Hélas! se dit à part lui le petit bossu.

— Que me veux-tu? lui dit le roi quand il entra.

— Mon souverain maître, je suis venu parce que j'ai fait un rêve ; mais en venant ici, j'ai traversé une bien triste réalité.

— Parle-moi de ton rêve, dit le roi en souriant.

— Avec joie, mon doux seigneur, car il m'a enseigné le remède qui vous guérira.

Cette gaillarde réponse mit fort en gaieté les docteurs qui sont de leur nature incrédules, et ils se tordirent tellement de rire, qu'on fut forcé de les rappeler à la décence et au respect qu'ils devaient à leur souverain.

« Mon bien-aimé roi, reprit le bossu qui ne fit aucune attention à ces rires inconvenants, le rêve que j'ai fait est en vérité merveilleux : J'étais assis dans une prairie verdoyante; les oiseaux gazouillaient dans le feuillage et l'odeur des plantes s'élevait autour de moi comme un concert de parfums: aucun bruit humain ne se faisait entendre ; c'était aux premières heures du jour et j'allais me laisser aller au sommeil, quand j'entendis une voix qui me disait : « Lève-toi, oses-tu bien te reposer quand « ton roi souffre; va lui dire qu'il envoie un homme « fidèle puiser de l'eau qui rend immortel, afin

« qu'il vive éternellement pour le bonheur de son
« peuple. »

« Je me suis levé, ô mon roi, et je suis venu. »

Le roi remercia le petit vieillard et ordonna qu'on
eût soin de lui et qu'on lui fît présent de tout ce
qu'il demanderait.

Quand il fut parti, les docteurs se dirent entre
eux que cet homme était fou, qui faisait tels récits,
et pensèrent que le roi l'était bien plus, qui les
écoutait.

Il se faisait autour du roi un grand silence, quand
tout à coup Hafiz entra.

— J'ai entendu le discours du bossu, s'écria-t-il,
et j'ai compris, ô mon père, ce que le peuple per-
drait en vous perdant. Donnez-moi le meilleur cheval de vos écuries et le plus dévoué de vos serviteurs ; cette source fût-elle au bout du monde,
je vous rapporterai l'eau qui rend immortel.

— Allez, Hafiz, répondit le roi très-ému ; vous
êtes un digne fils et Dieu bénira votre entre-
prise.

Hafiz embrassa son père et partit.

III

Deux heures après, il courait de toute la vitesse
de son cheval.

Il voyagea nuit et jour, traversant les montagnes, les plaines, les forêts, les rivières, les lacs,
les déserts, les hameaux, les villages et les villes.

Il franchit des royaumes entiers.

Il y avait bien des jours et bien des nuits qu'il
allait ainsi, demandant toujours inutilement la
source merveilleuse, quand il arriva dans une ville
qu'on disait peuplée des hommes les plus sages de
la terre.

Il en vit un grand nombre assemblés sur une
place.

— Qui de vous, leur cria-t-il, connaît la source
de l'eau qui rend immortel?

Tous se prirent à rire et lui tournèrent le dos.

Hafiz continua sa route, demandant toujours à

ceux qu'il rencontrait s'ils connaissaient la source, mais tous ceux à qui il s'adressait riaient.

Le découragement s'empara de son âme et il fit part de sa peine à un vieillard dont la noble figure inspirait le respect.

— Mon enfant, lui dit le vieillard, Allah te bénira, parce que tu aimes ton père et que tu te dévoues pour lui, mais ne cherche pas l'eau qui rend immortel, tu ne la trouveras pas ; retourne en Perse et défie-toi des hommes hypocrites et faux.

— J'irai jusqu'au bout du monde, répondit Hafiz, et il piqua de nouveau son cheval. . . . .

. . . .

Ce soir-là, il arriva dans les États du roi Djighala, le roi le plus puissant de la terre, le roi qui a douze royaumes, le roi dont le nom fait trembler tous les rois, celui qui fixe le soleil sans sourciller et dont le regard fait pâlir les étoiles.

Du bout d'une plaine immense il aperçut une tente magnifique et des rangs d'hommes armés aussi nombreux que les gouttes de la rosée de mai.

— Salut au plus puissant des rois ! dit Hafiz en s'approchant de la tente.

Djighala sourit à la vue du modeste équipage d'Hafiz.

— Salut, prince : quel sujet t'amène sans crainte dans mes États ?

— Je cherche et je ne trouve pas la source de l'eau qui rend immortel.

A cette réponse, Djighala éclata de rire, les généraux, voyant rire le roi, se mirent à rire aussi, puis après eux les chefs de légions et les officiers subalternes et enfin les soldats, en sorte qu'il se fit un bruit très-grand dans toute la plaine.

— N'est-il pas fou celui qui cherche l'eau qui rend immortel? cria d'une voix forte Djighala.

— Oui, répétèrent toutes les bouches avec un ensemble si parfait qu'on n'entendit qu'un son.

— Tu le vois, prince, cette source n'existe pas, dit le roi à Hafiz ; cesse donc tes vaines recherches, mais, avant de retourner chez ton père, prends ce cheval et parcours avec moi mes douze royaumes, peuplés de douze milliards de sujets.

Hafiz monta sur le cheval qu'on lui avait amené et partit avec le roi.

Ils allaient si vite qu'un des mille poëtes attachés à la personne de Djighala compara leurs chevaux aux feuilles de l'amandier balayées par le Simoun, et qu'un des dix mille savants entretenus à la cour, estima que les deux cavaliers avaient atteint quarante-six mille fois la vitesse d'un javelot, lancé d'une main vigoureuse.

Ce que le prince Hafiz admira surtout dans ce voyage, ce ne fut pas tant le soin avec lequel étaient entretenus les douze royaumes, mais la science profonde avec laquelle son hôte parlait de toutes choses.

Le roi ne fit pas en effet une observation qui ne fût aussitôt confirmée par ceux de ses sujets auxquels il s'adressait.

Hafiz, au retour de cette excursion prit congé du roi, bien décidé à ne pas continuer sa route.

IV

Comme il retournait tristement du côté de la
Perse, il rencontra un mendiant qui lui dit :
« Pourquoi abandonnes-tu ton projet, prince Hafiz,
ne te fie pas aux paroles mensongères du roi Djighala, ni aux réponses serviles de ses sujets. Cet
homme est un tyran et ses sujets sont des esclaves
qui tremblent à sa voix.

« La source merveilleuse existe, mais tu n'as pas
fait la moitié du chemin ; marche encore pendant
vingt jours et vingt nuits, et quand les arbres re-
verdiront, quand les troupeaux s'achemineront hors
de l'étable, quand les chevreaux bondiront et brou-
teront les premiers bourgeons, alors le printemps
sera venu, alors la neige aura fondu, et tu ver-
ras là-bas, vers le nord, une grande montagne,
plus haute que les plus hautes montagnes du
globe.

« Cette montagne s'ouvre et se referme sans

cesse, mais ne te laisse pas effrayer, pique ton che·
val et traverse-la sans t'arrêter, de l'autre côté est
la source de l'eau qui rend immortel. »

Le prince pensa devenir fou de joie en entendant
ce discours, et il avait un tel désir de sauver son
père, qu'il ne se le fit pas dire deux fois.

Le serviteur suivit son maître sans mot dire, car
en Perse le dévouement des serviteurs est inalté-
rable.

Après avoir couru pendant vingt nuits et vingt
jours, Hafiz aperçut la terrible montagne. Il descen-
dit de cheval, se prosterna la face contre terre et
adressa une prière à Allah ; puis il fit quelques
recommandations à son serviteur et lui ordonna
de retourner annoncer la nouvelle de sa mort en
Perse, si la montagne venait à se refermer sur lui.

Ce serviteur versa quelques larmes et baisa le
bas de la robe de son maître, en priant l'ange Azaël,
son patron, de ne pas laisser périr le prince, ce
qui le priverait pour toute sa vie d'une aussi grande
faveur.

Hafiz remonta fièrement à cheval, s'affermit sur
les arçons et se précipita dans l'ouverture. Le fils
de Dimik-Djeroun était bien le meilleur cavalier de
toute la Perse, mais dès qu'il eut pénétré dans le
gouffre béant, son cheval fit des bonds tels qu'il
pensa tomber. Loin de perdre courage, il éperonna

vigoureusement sa monture..... Il allait, il allait, et déjà la montagne se refermait, déjà les ténèbres lui en dérobaient l'issue.

Hafiz se heurtait tout sanglant aux angles des rochers et ne savait de quel côté aller, quand il entendit la plus belle voix qu'il eût jamais entendue.

Il jugea que ce devait être une voix de femme, et bien que son précepteur lui eût dit qu'il ne fallait jamais se fier aux femmes, il chercha à atteindre l'endroit d'où partait cette voix ; mais à mesure qu'il avançait, la voix semblait s'éloigner.

Tout à coup il se fit un craquement épouvantable, le sol trembla, la lumière s'obscurcit et Hafiz se crut perdu.

La montagne venait en effet de se refermer, mais juste au moment où le prince franchissait le dernier obstacle, en sorte qu'il n'y eut de pris dans la terrible pince que la queue de son tarbouck et quelques crins de son cheval.

Le Persan se trouvait comme par enchantement transporté sur le bord d'une plaine immense, inondée de lumière ; les fleurs naissaient sous ses pas ; les raisins et les figues se penchaient aux branches pour se mettre à sa portée, et les orangers l'invitaient à se reposer à leur ombre fraîche et délicieuse.

Hafiz fut émerveillé, mais il devait l'être bien plus encore, car il eut à peine fait quelques pas qu'il entendit une mélodie dans laquelle il reconnut la voix qui l'avait tant charmé.

A travers les branches il aperçut un petit vallon au milieu duquel était une fontaine d'eau jaillissante ; sur le bord de cette fontaine se tenait une jeune fille.

Hafiz se frotta les yeux à trois fois différentes, et trois fois il jura par le saint nom d'Allah qu'il n'avait jamais vu femme si bien tournée, ni tant d'agréments réunis sur un même visage.

Comme il venait de parcourir le monde et qu'il avait acquis de grandes connaissances, il vit en outre, rien qu'à la forme de son nez et à la douceur de ses yeux, que cette jeune fille avait l'esprit naturel, l'humeur douce et le cœur sincère.

Il fit toutes ces réflexions très-rapidement, car le triple jurement qu'il avait laissé échapper avait attiré la jeune fille vers le buisson où il se tenait caché.

— Salut, Hafiz, lui dit-elle, tu viens chercher pour ton père l'eau qui rend immortel ; remplis ton amphore à cette source.

Hafiz tressaillit en entendant prononcer son nom.

— Je t'attendais depuis longtemps, continua la

jeune fille, car ton père est le seul parmi les hommes qui m'ait reçu dans son palais depuis que les Grecs m'ont chassée de chez eux. — Je m'appelle Aretie [1].

Hafiz se jeta aux pieds de la jeune fille : — Je te délivrerai, s'écria-t-il, et tu pourras parcourir le monde entier, je te délivrerai ou j'y perdrai la vie.

Aretie ne parut point choquée de l'élan subit du prince, mais elle le considéra avec attention et lui dit : « Hélas ! pauvre enfant ! il est facile de mourir, mais si tu te sens la force de m'aimer, tu seras immortel.

Hafiz se releva, courut à la source, emplit son amphore et revint près d'Aretie.

— Es-tu prête à me suivre et à partager ma fortune, lui dit-il, et sans lui donner le temps de répondre, il la prit en selle devant lui, éperonna sa monture et traversa de nouveau la montagne avec la rapidité de l'éclair qui sillonne la nue.

---

[1] C'est sur ce nom d'Aretie (ἀρετή) que repose l'intérêt principal de ce récit. Dans les poëmes du Limeri (bivac), la situation d'Aretie (le courage) abandonnant les Grecs est un reproche adressé par les montagnards restés libres aux hommes asservis de la plaine. « Si nous avons reconquis notre indépendance, me disait en 1858 Colocotronis, le célèbre chef des Armatoles, nous devons cette résurrection au feu toujours allumé du Limeri. Nous avons entretenu pendant quatre siècles le fanal de la liberté.

De l'autre côté il retrouva son serviteur fidèle, et tous se mirent en route pour la Perse.

Ils marchaient nuit et jour sans s'arrêter, car Hafiz craignait de trouver son père mort.

Comme ils entraient dans Ispahan par la porte de la Casbah, un ânier poussa son âne sur le cheval d'Hafiz, et l'amphore qui pendait à l'arçon de la selle fut brisée.

Hélas! s'écria le malheureux prince en pénétrant dans la chambre du roi, hélas! mon père, je suis allé au bout du monde chercher l'eau qui rend immortel, et cette eau s'est répandue à vingt pas d'ici.

Qu'importe, dit le roi en l'attirant à lui, cette eau, mon fils, ne rend pas immortel, la véritable immortalité est de revivre dans ses enfants; tu as vu le monde, Hafiz, et tu as conquis Aretie, la plus noble fiancée qui soit. Je peux mourir maintenant..... mon peuple sera heureux.

LE DRACOPHAGE

I

Le sultan d'Iran, qui venait de se marier pour la cent quatre-vingt-dix-neuvième fois depuis un an, bâilla profondément et dit à Tumlulé, sa nouvelle épouse : « Essence de jasmin, parfum de la rosée de mai, j'ai pris cent quatre-vingt-dix-huit femmes qui ne m'ont rien appris de nouveau, sais-tu quelque chose qui puisse me distraire.

— Je ne sais, lumière du Nichabour, répondit l'odaleuk, qu'un conte que m'a conté ma grand'mère dans mon enfance.

— Dis-le donc, horizon de volupté, mais d'abord ouvre les fenêtres et parle haut, car, si ce conte

m'ennuie, il amusera certainement mon peuple,
qui aime passionnément les fables.

Tumlulé ouvrit les fenêtres, toussa trois fois afin
d'avoir la voix plus nette, et commença ainsi :

Il y avait autrefois dans le Koraçan un roi qui
était un homme savant et très-versé dans l'étude
de l'astronomie, ce qui ne l'empêchait pas d'être
un roi bon et sage. Le poëte Bal-Iemez, qui a écrit
sur son règne, assure que la source de ses vertus
était précisément dans cet amour de la science,
parce que l'habitude de regarder en haut lui permettait peu de s'occuper des intrigues misérables
d'en bas; de son côté, le Maugrebin Koul-Kakiaçi
prétend qu'il lisait chaque jour dans les astres ce
qu'il devait faire le lendemain, mais aucune de ces
assertions n'est exacte.

Ce roi qu'on appelait Beni-Koleïb (la saveur du
miel) n'ignorait rien de ce qui se passait en bas et
ne pouvait lire en haut par la raison qu'il n'y
a rien d'écrit dans les astres, mais il avait pour
principe de laisser les choses suivre leur cours naturel et de faire le bien sans qu'on s'en aperçût,
car, disait-il souvent, on n'obtient rien par la force
et la main du bienfaiteur, si légère qu'elle soit,
devient toujours une main de fer, dès qu'elle se
fait sentir.

Aussi son peuple était très-heureux et faisait des vœux pour qu'Allah prolongeât son existence ; dans tout le royaume on appelait la ville de Mesched, sa capitale, le Darul-Ibadet, ce qui veut dire le séjour des fleurs, et on venait du plus loin pour assister aux fêtes du Mimoun-Bazoud, qui avaient lieu une fois l'an.

On s'ébattait joyeusement en ces fêtes, sans gêne ni contrainte ; chacun faisait comme meilleur lui semblait ; entrait dans la danse qui voulait, et si quelqu'un contait une nouveauté,, personne ne venait lui rogner la queue de son propos.

Dansez, jasez, mes enfants, disait le roi qui se mêlait souvent à ces jeux, c'est à sauter qu'on se rend les jambes solides, c'est à entendre la vérité qu'on apprend à se défier des inepties, sottises et rêveries de ceux qui ont le mal de rate et l'humeur mélancolique, et, quand il avait parlé, la danse reprenait de plus belle et les chants allaient leur train.

Le lendemain il n'y paraissait plus ; tout le monde était à son travail, car dans Mesched chacun prenait soin de ses propres affaires, et il n'y avait point là gens envoyés par le roi pour tout arranger, ainsi que cela se pratique dans le royaume de Teheran où l'on vous pèse chaque jour la nourriture du corps et de l'âme, où tout le monde est forcé de

porter béquille sous le prétexte qu'il y a des boi-
teux et où le sultan ne vous permet même pas de
mettre votre culotte vous-même.

A ce dernier propos il arrivait bien parfois que
ceux de Mesched mettaient la leur à l'envers, si
bien qu'une de ces distractions faillit occasionner
la guerre entre les Teheranais et les Meschedois.
Voici dans quelle circonstance :

Un des conseillers du roi de Teheran publia
une philippique contre l'inconvenance d'un habitant de Mesched qui était venu à Teheran vêtu
sans ordre et en profita pour faire l'éloge des
machlaks uniformes qui font si merveilleux effet
quand le roi Zuftuli passe la revue de ses sujets sur
la grande place de Teheran. Ce livre valut au conseiller un poste éminent à la cour, n'empêcha pas
les Meschedois de se vêtir comme par le passé, mais
causa une irritation telle dans le Koraçan qu'un
jour une bande de gamins de la rue Barbazone se
jeta sur des chameliers persans et leur enleva leur
culottes; ceux-ci ne sachant comment les remettre
entrèrent à Teheran en tenant leurs vêtements à la
main.

A cette vue le roi Zuftuli entra dans une grande
colère, doubla les impôts, fit une levée extraordinaire de cent mille hommes et envoya un ambassadeur demander la tête des coupables.

Beni-Koleïb répondit que pour une demi-douzaine de sans-culottes il ne voyait pas la nécessité de décapiter trois fois autant de ses sujets et de s'entr'égorger pendant plusieurs années, qu'il n'avait point demandé la tête du conseiller qui lui semblait une tête faible, et qu'il ne voulait point donner celle de ses enfants qui étaient des têtes folles, mais que si Zuftuli voulait faire respecter les Meschedois à Teheran, les Teheranais seraient respectés à Mesched.

Zuftuli ne goûta pas ces raisons, mordit sa moustache, jura le nom d'Allah, se promena d'un pas agité dans son palais pendant trois jours et trois nuits, tripla les impôts, leva encore cent mille hommes, mais n'entra pas en campagne.

La chose en resta donc là, et les Meschedois bénirent la sagesse de leur roi.

Dans son poëme du Mouffarik-al-Kouloub (le livre qui réjouit les cœurs) le Maugrebin Koul-Kakiaçi rapporte un trait du roi Beni-Koleïb qui peint bien l'excellence de son jugement.

Il y avait dans le Koraçan un grand nombre de sectes religieuses et les disputes étaient fréquentes. Beni-Koleïb s'en inquiétait peu; tous les ans seulement à l'occasion de sa fête il invitait à dîner les principaux docteurs en théologie; chacun disait, avant de se mettre à table, son *Benedicite* selon sa croyance ; ceux-ci récitaient la prière hébraïque, ceux-là l'oraison de Mahomet, d'autres enfin ne récitaient rien du tout, mais tous étaient unanimes sur ce point qu'il faut manger chaud et boire frais, et le roi espérait les réconcilier par ces agapes fraternelles : il n'en fut rien.

Un matin, son premier ministre entra précipitamment chez lui.

— Qui t'amène à pareille heure, lui dit Beni-Koleïb.

— Sire, la secte des Djezirbech prend des proportions inquiétantes, elle menace les disciples d'Allah qui sont les plus anciens dans le royaume, et le grand prêtre Souwar-Oglou est venu à ce sujet me soumettre un plan pour arrêter les progrès de l'erreur. Il pense qu'il serait sage de réunir les principaux chefs des Djezirbech et de mettre le feu au palais, ce qui serait en même temps un grand sujet de joie pour Allah, une source de contentement pour les âmes pieuses, et ce qui en outre assurerait à Votre Majesté une bonne place dans le Paradis.

— Le grand prêtre déraisonne, répondit le roi ; ce qui cause l'irritation de part et d'autre, ce sont les continuelles promenades dans les rues de Mesched que font les sectateurs de Djezirbech, comme les disciples d'Allah ; il faut leur enjoindre de ce jour

de rester chacun dans leurs mosquées et l'animosité disparaîtra.

Tout le monde applaudit à cette mesure, excepté
les imans des deux sectes qui, désolés de ne plus
se montrer en public, consentirent à s'embrasser à
la condition qu'on les laisserait se promener tous
ensemble. Il y eut donc depuis ce temps de merveilleuses processions où la diversité des costumes
produisait le plus ravissant coup d'œil qui se puisse
voir, et où chacun des différents ordres lutta d'ex-
centricité pour mieux attirer les regards. On voyait
là les Bouni-Meyebed qui faisaient vœu de malpropreté, recouverts d'une épaisse moisissure, les Ay-
dir-Effendum, qui se passent des broches dans les
parties charnues, les Hurleurs, qui vomissent l'in-
jure jusqu'à ce que le sang jaillisse de leur gorge,
les Tourneurs, qui pivotent trois millions de fois
sur le gros orteil au son du fifre et du tambour, les
Devaï-Musil qui marchent sur les mains, et les Bir-
Mehrem, qui se tiennent sur le nez.

Tous chantaient les louanges du roi Beni-Koleïb,
qui leur laissait exécuter leurs tours sur la place publique, et tous priaient pour lui. Mais si bonne que
soit l'enveloppe que nous donne Allah, et si nombreuses que soient les prières des derviches, il vient
un moment où cette enveloppe s'use et où il faut la
rendre au Dieu qui nous l'a donnée.

Le roi, sentant ce moment critique approcher, fit venir ses deux fils, afin de leur communiquer ses dernières volontés.

·

———

— Ce récit n'est pas très-vraisemblable, interrompit en soupirant le sultan d'Iran.

— Ne vous ai-je pas dit, soleil de Tebsig, répondit Tumtulé, que cela n'était qu'un conte ?

— Je l'avais oublié : continue, duvet de la pêche.

———

Je disais donc, dit Tumtulé en reprenant son récit, que le roi fit venir ses deux fils.

Les deux fils du roi ne se ressemblaient en rien ; autant Fetzullah, l'aîné, était d'un caractère emporté, autant Tekeli, son frère, était d'humeur douce. Le premier se plaisait peu dans la société des savants, tandis que le second la recherchait. Fetzullah excellait à jeter les dés, tourner les cartes, dire un mot leste, pousser roide une estocade, et porter haut le verre, toutes choses dont Tekeli faisait peu de cas.

Le jour où leur père mourant les fit mander, les conseillers du royaume, placés dans la pièce qui précédait la chambre royale, leur adressèrent quelques paroles de condoléance.

— Allah vous donne bonnes grâces, effendis, dit Fetzullah sans les laisser achever ; mais quand je serai à la tête du royaume, il vous faudra courir plus et parler moins, je n'aime ni les culs-de-jatte ni les bavards, et il entra brusquement en en culbutant plusieurs.

Ceci scandalisa fort tous ceux qui se trouvaient présents, et Tekeli en parut très-affligé.

Ah ! ah ! dit le sultan en riant avec éclats, voilà un gaillard qui me plaît, le conte de ta grand'mère m'intéresse, calice de joie !

Mahomet soit loué, essence de raison !

Et Tumtulé continua.

—Mes enfants, dit le roi à ses fils, je n'ai plus que peu d'heures à vivre, et je vous ai fait venir pour connaître vos intentions.

Que ferais-tu, Fetzullah, si je te léguais le soin de mon royaume ?

—Je prendrais, mon père, tous les sujets de votre empire et je les lierais fortement comme on lie un paquet de javelots, de façon à en former un faisceau formidable à l'aide duquel je soumettrais tous les peuples de l'Asie.

— Et toi, Tekeli?

—Moi, je laisserais comme aujourd'hui chacun des javelots libre, car si l'un vient à se briser, l'autre le remplace, tandis que si par malheur le faisceau venait à se rompre, il n'y aurait plus de remède, le Koraçan serait assujetti aux peuples voisins.

—C'est tout ce que je voulais savoir, mes enfants, et maintenant voici mes dernières volontés. Quand je serai mort, on me déposera dans le Medrecé d'Hakem, vous y viendrez prier pendant six jours et six nuits, et le septième jour, avant l'aube, à l'heure où la lune du Ramazan éclairera la voûte du septentrion, vous lirez sur cette voûte le nom de mon successeur, gravé en lettres de feu.

II

Quand le roi fut mort, les deux frères allèrent
prier dans le Médrecé d'Hakem ; ils prièrent pendant deux jours et deux nuits ; le troisième jour,
Fetzullah dit à Tekeli : « Mon frère, celui que nous
pleurons était un homme digne entre tous, il occupe certainement une bonne place à la droite
d'Allah, et nos prières ne lui seront pas d'un grand
secours ; sortons de cette atmosphère de mort et
allons nous réjouir à la lumière du soleil, nous re-
viendrons ici le sixième jour pour savoir qui sera
roi du Koraçan.

— Il faut, répondit Tekeli, toujours respecter les
dernières volontés du mourant.

— Reste donc, reprit Fetzullah; pour moi je sors:
Ismick, la fille du marchand d'ambre, m'a donné
rendez-vous pour ce soir, et je n'y saurais manquer.

— Allah te punira, mon frère.

Fetzullah se leva sans répondre et monta les pre
mières marches de l'escalier funèbre.

Comme il arrivait à la dernière marche, il vit se
dresser devant lui une forme humaine, et il entendit une voix qui lui disait :

— Où vas-tu ? fils ingrat.

— Que t'importe, et qui es-tu ?

— Je suis Nycteris, la déesse qui dispense aux
mortels le jour et les ténèbres, la lumière et
l'ombre, le mensonge et la vérité ; dans ma main
gauche je tiens les fils de la soie noire, et dans
ma main droite les fils de la soie blanche ; si tu
fais un pas en avant, je te plonge dans la nuit éter-
nelle.

— Tu mens, femme, répondit Fetzullah, et je me
ris de tes menaces. Nycteris étendit le bras vers le
prince, mais lui, avec la souplesse du chacal, se jeta
sur elle, la terrassa, lui arracha de la main gauche
les fils noirs et s'enfuit en refermant la porte du
Médrecé.

A peine sorti, il courut au palais, où il trouva le
conseil assemblé. Laissez ces vaines délibérations,
dit-il en entrant, et saluez votre roi ; à partir de ce
jour, c'est moi qui distribue ici la lumière et les ténèbres ; un personnage céleste m'est apparu dans
le Medrecé et m'a dit : « Fetzullah, prends ce paquet de fils noirs et mène sagement le peuple

qu'Allah te confie », puis il a disparu, emportant avec lui Tekeli, mon frère.

Le nom d'Allah soit béni! dirent en chœur les conseillers.

Fetzullah tira alors de sa main un des fils de la soie noire, et le royaume tout entier se trouva plongé dans une obscurité complète.

Tout d'abord il y eut une grande confusion, chacun courut à son trésor (car la richesse est ce qui préoccupe le plus les hommes) et se coucha dessus, sans souffler mot, de peur d'éveiller la cupidité du voisin.

Fetzullah fit lire un édit qui déclarait qu'il ne serait fait aucun mal à personne, et que tous les sujets du royaume auraient droit à un flambeau de résine, ce qui serait bien plus agréable à la vue que le soleil éblouissant à certains jours et sombre à d'autres.

Quelques voix voulurent s'élever contre cet édit, mais les myopes, qui à cette époque se trouvaient en majorité dans le Koraçan à la suite d'une récente épidémie, empêchèrent qu'elles ne soient entendues et crièrent : Vive Fetzullah! notre roi magnanime.

Ah! le tour est plaisant, dit le sultan d'Iran ; mais conte-moi, suc de l'Hymette, ce que devint Tekeli, car ce pauvre garçon m'intéresse.

— Ce qu'il devint, moelle du lion, je vais vous le dire.

Et Tumtulé continua.

Quand Fetzullah eut terrassé Nycteris, le corps de la malheureuse déesse roula sur les marches de l'escalier, et alla rebondir au milieu du Medrecé.

Si le prince Tekeli fut surpris de ce bruit il le fut bien plus encore du visage extraordinaire et admirable qu'il lui fut donné de contempler au milieu d'un flot de lumières. Je ne cacherai même pas à Votre Hautesse qu'il en ressentit un coup violent dans le cœur, et qu'il jura pour la première fois de sa vie, malgré la sainteté du lieu.

— Qui que tu sois, lui dit-il en la relevant, mes yeux ont vu. bien des femmes, mais mon âme est restée toujours vierge des atteintes de leurs regards. Comment se fait-il que je ne puisse te regarder sans trembler?

Nycteris rougit comme une simple mortelle, ne cacha au prince ni son rang ni sa qualité, et lui conta son aventure avec Fetzullah.

Le prince en ressentit un chagrin profond et lui dit : O déesse de la lumière, veux-tu être ma fiancée et je te jure que je saurai te venger?

— Si j'avais encore les fils de la soie noire, lui répondit Nycteris, j'en profiterais pour jeter pendant quelque temps l'obscurité dans ton cœur, avant de te faire un aveu, mais il fait tellement jour ici que ce serait folie de vouloir te dissimuler mon amour. C'est Allah qui m'envoie vers toi et qui m'a dit : « Va, Tekeli est digne de toi. »

Le prince se jeta à ses pieds et les couvrit de baisers.

— Relève-toi, lui dit la déesse, et regarde les paroles de ton père inscrites à cette voûte en lettres de feu.

Tekeli leva les yeux et vit ces paroles étincelantes : *Celui qui conservera la lumière à mon peuple sera digne d'être roi du Koraçan.*

— Mais qu'est cela ? dit-il, en désignant d'autres caractères plus petits, gravés sur la muraille.

— Tous ces versets contiennent en peu de mots la science humaine.

— Il n'est pas de science qui vaille ton amour, répliqua le prince, et il se jeta de nouveau aux pieds de la déesse.

— Prince, lui observa Nycteris d'un ton de reproche, je suis celle que vous aimez et qui vous aime, mais si vous voulez être digne de moi, il faut commencer par apprendre ce qui est écrit sur le mur. Le pauvre Tekeli se mit à l'œuvre avec bien des regrets, mais au bout de quelques heures il eut achevé sa tâche et laissa éclater les transports de sa joie.

Le prince et la déesse parlèrent de leur amour pendant bien longtemps, car c'est une chose dont on ne se lasse pas facilement quand on voit clair dans les yeux l'un de l'autre.

Tekeli y serait sans doute encore si Nycteris ne lui eût dit : Vous oubliez, mon fiancé bien-aimé, que vous m'avez promis de me venger, que le peuple du Koraçan est opprimé et que c'est nous qui devons le sauver.

— Partons donc, dit en soupirant le prince.

A force de chercher tout autour du Medrecé, ils finirent par découvrir une issue souterraine, et, s'y étant engagés, ils allèrent sortir très-loin dans la campagne. Tekeli tenait les fils de la soie blanche cachés dans sa ceinture, afin qu'on ne le reconnût pas.

Ils marchaient donc dans l'obscurité lorsqu'ils heurtèrent un homme.

— Que fais-tu là? lui dit Tekeli.

— Je plante du bétel, répondit l'homme

— Et pourquoi plantes-tu du bétel?

— Pour le mâcher et m'enivrer.

— Tu as donc sujet d'être triste?

— Que t'importe?

— Rien; mais dis-moi qui tu es, car il me semble que ce n'est pas la première fois que j'entends ta voix.

— Je suis le vieux Vrachori, l'ancien ami du roi Beni-Koleïb.

— Et moi je suis Tekeli, son fils, reprit le prince.

— Tu n'es qu'un imposteur, le fils du roi Beni-Koleïb a été enlevé par un messager céleste et habite le séjour d'Allah.

— Celui qui a dit cela a menti! et Tekeli tira un un bout d'un de ses fils blancs, ce qui permit à Vrachori de le reconnaître.

Le vieux serviteur se jeta dans les bras du prince et ajouta avec d·s larmes dans la voix : — Que demandes-tu de moi, fils de mon roi regretté?

— Que tu nous conduises à Meschcd, ma fiancée Nycteris et moi.

— Y pensez-vous, infortunés! le palais du roi Fetzullah est gardé par quarante dragons, et vous êtes sans armes.

— J'ai la lumière qui fait évanouir les ténèbres, répondit fièrement Tekeli.

— Oh! oh! la lumière, dit le vieillard en hochant la tête, il y a des gens qui nient l'évidence et qui se refusent à voir le soleil; j'ai entendu hier encore un iman qui disait que celui-là avait sagement agi qui avait mis l'astre sous le boisseau. Allons à

Mesched, si vous le voulez, mon prince; mais croyez-moi, laissez-moi emmener mon lévrier blanc Kitkit, qui n'aime pas les dragons et pourra nous défendre.

Vrachori appela son chien et tous se mirent en route, se dirigeant à tâtons vers la ville de Mesched.

Ce qu'ils virent ou plutôt ce qu'ils ne virent pas, mais ce qu'ils entendirent tout le long du chemin, est quelque chose de vraiment incroyable. On leur assura que la grande préoccupation de Fetzullah était de donner des ordres pour qu'on ne parlât pas de ce dont tout le monde s'entretenait, puis de donner de nouveaux ordres pour que les premiers ne fussent pas connus, puis enfin d'ajouter des ordres supplémentaires défendant de publier la défense faite de parler de la défense reçue. Quelques-uns se plaignaient de la surveillance excessive qui s'étendait sur tout, mais le plus grand nombre consentait volontiers à voir mettre tout le monde sous le séquestre pour être soi-même plus en sûreté :

Quand les voyageurs eurent franchi la porte de Lulucy, qui donne sur la grande place de Mesched, ils virent un attroupement considérable.

— Qu'y a-t-il ? demanda Tekeli.

— Le roi Fetzullah nous promet le retour de la lumière, vive notre bon roi Fetzullah !

— La lumière ! s'écria Tekeli, la voici ; et il tira de sa ceinture un des fils de la soie blanche. Immédiatement la lumière se fit jusque dans le palais où le roi était occupé à toute autre chose qu'à tenir la promesse qu'il venait de faire. Les quarante dragons bondirent furieux sur la place, mais l'éclat du jour les éblouit, et ils vinrent se jeter les uns après les autres dans la gueule du lévrier, qui les étrangla comme des mauviettes.

Fetzullah, voyant la défaite de ses fidèles dragons et le triomphe de Nycteris, se transperça de son kandjar,et les conseillers s'écrièrent en chœur :
— Le nom d'Allah soit béni !

Tekeli et Nycteris sa fiancée entrèrent dans le palais aux acclamations de la foule ; mais s'il y eut une grande joie il y eut de non moins grandes désillusions, car beaucoup de Meschedois qui vivaient dans une confiance parfaite virent clairement quantité de monstruosités dont ils ne se doutaient pas et toutes choses fort laides, bien faites pour dégoûter les hommes de l'amour de leurs semblables.

Lorsque Tumtulé eut achevé son récit, le sultan, qui sommeillait depuis un bon quart d'heure,se réveilla, et dit en bâillant : ce conte est assez récréatif, mais qu'est-ce que cela prouve? Puis, ainsi que l'affirme dans ses mémoires la princesse douairière de Trébizonde, il se rendormit, se leva, se lava, déjeuna, dîna, soupa, et le peuple d'Iran bénit la sagesse de son gouvernement.

Ah! ah! s'écria trois jours après le sultan, qui avait enfin compris, un prince amoureux de la lumière! quelle sornette m'avez-vous contée là, parfum de l'hydromel!

Sornette! non pas, car vous aussi, mon maître, vous serez amoureux de la lumière quand la nuit vous fera défaut.

FIN

PARIS — IMP. SIMON RAÇON ET COMP., RUE D'ERFURTH 1